영어로 통독암송

정철의 사도행전

Acts

학습자

서약서

1.

사도행전 통독 · 암송의 시간을 통해 역사하실 하나님을 기대하며
매 학습 전 기도로 시작하겠습니다.

2.

요일과 시간을 정하여 꾸준히 학습하겠습니다.

3.

처음부터 배운데까지 누적하여 통독 · 암송하겠습니다.

4.

본문의 말씀을 묵상하며 얻은 깨달음을 삶에 적용시키겠습니다.

5.

학습 과정 가운데 얻은 은혜가 있다면 유튜브에 댓글로 남겨
많은 분들과 함께 은혜를 나누겠습니다.

년 월 일

(인)

본 교재는 정철 선생님의 '사도행전 영어로 통독 암송' 유튜브 강의의 워크북입니다.
강의 영상은 YouTube '정철영어성경TV' 채널에서 무료로 시청 가능하며, 원어민 음성과 함께 쉐도잉 할 수 있는 영상도 본 채널에서 함께 제공합니다.

왜 사도행전인가요?

사도행전은 예수님이 승천하신 뒤에 복음이 퍼져나가는 선교 역사를 담고 있는 책입니다.
사도행전에서의 성령의 일하심은 사람 사이의 다양한 일들을 통해 나타납니다.
이 세상 속 모든 일들이 하나님의 깊은 뜻 안에 움직임을 느낄 수 있습니다.

이는 오늘날 우리가 살아가는 세상과 결코 다르지 않습니다.
성령의 일하심이 당장 우리 눈에 보이지 않는 것 같아도 성령께서는 분명 일하고 계십니다.

교회를 습관적으로 다니는 행태, 사도행전적 생각이 줄어든 이 세대에
오늘 이 순간에도 동일하게 역사하고 계시는 성령님을 보게 되기를 바랍니다.

어떤 방식으로 학습하나요?

정철 선생님의 A.D. 학습법으로 본 성경말씀을 학습합니다.
영어성경을 기존 문법 위주의 분석식 학습이 아닌 청크 (영어의 의미 묶음) 단위로 뜻을 이해하고, 낭송하며 암송하는 방식입니다.
* A.D. 학습법에 대한 자세한 내용은 본 교재 (p. 06) '영어가 뻥 뚫리는 [A.D. 학습법]'에서 설명되어 있습니다.

왜 암송인가요?

많은 분들이 암송과 암기를 동일 선상에서 생각하며 어려운 것이라 여기지만 암송과 암기에는 큰 차이가 있습니다.
암기는 머리로 기억하기 위하여 억지로 외우는 방식으로, 결국은 잊어버리게 됩니다.
반면 암송은 입으로 소리내어 반복 낭송하는 방식으로 바위에 글씨가 새겨지듯 저절로 기억되게 됩니다.

본 교재를 어떻게 활용하나요?

1. YouTube '정철영어성경TV' 채널에 업로드 되는 정철 선생님의 강의를 필수로 시청해주시기 바랍니다.
2. 본문 말씀으로 Listen / Understand by chunk / Listen & Repeat / Shadow 형태로 진행됩니다.
3. 본 교재와 강의로 그룹 스터디를 진행하는 것을 추천드립니다.
   학습 진도를 함께 체크하고 암송한 내용을 공유하면 학습 완수율이 더 높아지실 거에요!

편저자 정철

1971년, 22세의 나이로 영어 선생이 되어 1979년 '정철카세트'로 영어교육계에 돌풍을 일으킨 이후 지금까지 수많은 저술과 강의로 효과적인 '영어학습법'을 보급하고 있다. 저서로 1998년 발표하여 150만 명 이상이 읽은 《정철영어혁명》과 2010년에 발표한 《대한민국 스피킹 살리기》가 있으며, 학원과 유튜브 교재를 다수 저술했다. 또, 2006년 1월부터 2008년 12월까지 3년간 CTS를 통해 "대한민국 죽은 영어 살리기"라는 제목으로 총 215시간의 영어성경/영어설교 특강을 방송하여 영어성경 돌풍을 일으켰고, 2010년부터 2018년까지 9년간 극동방송에서 '정철의 성경말씀 영어로 암송하기'를 방송했다. 현재는 젭스의 이사장이자, 유튜브 채널 '정철영어성경TV'를 통해 영어성경 강의를 재미있게 진행 중이다.

유튜브 영상과 교재를 효과적으로 공부하는 방법

YouTube

본 학습용 강의 및 Listen & Shadow 영상은 '정철영어성경TV' 유튜브 채널 (youtube.com/@JCEBTV)에서 시청할 수 있습니다.

1. 강의영상

◆ **Listen**

문장을 보지 않고, 배울 내용을 먼저 소리로 들어보는 부분

◆ **Understand by chunk**

정철 선생님의 내용 설명과 함께 궁금한 순서로 흐르는 영어를 청크 단위로 의미를 익히고 리듬 & 강세 살려 듣고 따라 하는 부분

◆ **Listen & Repeat**

조금 더 긴 청크 단위로 듣고 따라 하는 부분

◆ **Shadow**

배운 내용을 원어민 음원에 맞춰 동시에 따라 하는 부분

2. Listen & Shadow 영상

◆ 처음부터 배운 데까지 원어민 음원에 맞춰 동시에 따라 읽을 수 있는 영상입니다. 매 강의 영상 시청 완료 후 Listen & Shadow 영상으로 누적 낭송을 반복하면 어느새 암송이 됩니다.

영어가 뻥 뚫리는 [A.D. 학습법]

나는 22살부터 지금까지 50년이 넘도록 영어를 가르쳐왔다.
평생토록 연구하며 가르치다 보니 아는 것도 많아지고 가르치는 기술도 좋아져서,
한 때는 세계 최고 수준의 영어선생이라고 스스로 자부하기도 했었다.
그러면서도 항상 머릿속에 맴도는 의문이 있었다.
"이렇게 밖에는 안 되는 것일까?"
"좀 더 쉽고 재미있게 영어를 가르칠 수 있는 방법이 없을까?"

내가 처음 미국에 갔을 때, 나는 아주 조그만 어린 아이들이 유창하게 영어를 하는 것을 보고
충격을 받았다. 우리나라에서는 그토록 어렵게 배워도 잘 안 되는 영어를,
태어난 지 5~6년 밖에 안 되는 아이들이 어떻게 그렇게 쉽게 할 수 있단 말인가?
분명히 내가 모르는 원리가 어딘가에 숨어 있다고 생각했다.
영어교육에 관한 광범위한 서적들을 읽고 국제적인 세미나에도 열심히 참여하면서
그 비밀을 찾으려 애썼다.
그러나 시원한 해답을 얻을 수 없었다.

그러다가 1998년 큰 아들의 인도로 교회에 나가기 시작했다.
성경을 읽기 시작했다.
창세기 11장에서
"태초에 온 인류는 한 가지 언어를 가지고 있었으나 하나님께 범죄하여 수많은 언어로 갈라졌다."
에 충격을 받았다.

그러다가, 사도행전 2장에서 "오순절날 성도들이 모여서 기도하다가 성령이 내려오셔서
외국어의 입들을 열어 주셨다" 는 것을 읽고 더 큰 충격을 받았다.
"아하! 언어를 닫고 여는 것도 하나님이 하시는구나!"

기도하기 시작했다.

“아버지, 모든 언어를 아버지께서 만드셨으니,
누구나 쉽게 영어를 배울 수 있는 원리를 가르쳐 주시고, 입과 귀를 열어주세요.” 라고
줄기차게 기도했다.
얼마 지나지 않아서, 해답을 주시기 시작했다.
보기에는 복잡하게 보이지만,
결국 6가지의 청크가 궁금한 순서로 나열되는 것이 영어문장이며,
그것을 제대로 터득하는 방법은 좋은 문장을 소리내서 반복낭송하는 것이라는 것을 가르쳐 주셨다.
영어를 보는 시각이 바뀌면서 영어가 엄청나게 쉬워졌다.
이 때를 기점으로 나의 영어교수법은 완전히 달라졌다.

우리 연구소에서는 이 새로운 교수법을 [A.D. 교수법]이라고 하고,
그 이전의 교수법을 [B.C. 교수법]이라고 한다.
이 교재에서 사용하는 교수법이 바로 영어가 엄청나게 쉬워지는 [A.D. 교수법]이다.

하나님을 알고 난 뒤 또 한 가지 획기적인 사건은 바로 세계 최고의 영어교재를 발견한 것이다.
바로 영어성경이다.
영어성경은 내가 지금까지 보아온 중 가장 좋은 영어교재다.
문장이 아름답고, 문법도 정확하고, 어휘도 풍부해서 영어성경을 잘 활용하기만 한다면
단숨에 상당한 수준에 도달할 수 있다.
또한 말씀을 영어로 반복해서 암송할수록 성경 자체가 가지고 있는 영적 능력이
생수처럼 흘러나와 자신도 모르게 성령으로 충만해지고 급기야는 영어가 뻥 터지게 된다.

이러한 원리를 바탕으로 2006년부터 3년간 CTS 기독교TV를 통해서
"대한민국 죽은 영어 살리기"라는 제목으로 영어성경과 영어설교에 관한 강의를 방송했고,
2010년부터 2018년까지 매일 아침 8시에 극동방송 라디오를 통해서
[요한복음 영어로 듣고 말하기], [영어로 복음 전하기], [성경말씀 영어로 암송하기],
[야고보서 영어로 통째 암송] 등을 방송했다.

매일 아침 10분 남짓 방송되는 짧은 강좌였지만, 이것을 듣고
"영어가 너무 쉬워졌다."
"포기했던 영어에 자신이 생겼다."
"말씀이 뼛속까지 스며드는 것 같다."
"고등학생인데 모의고사 성적이 쑥 올랐다."
"단기선교 가서 영어로 복음을 전할 수 있어서 너무 행복했다."
등의 수강평이 많이 올라왔다.

2018년부터는 화면을 보면서 좀더 쉽게 공부할 수 있도록,
유튜브를 통해서 전세계로, [요한복음 영어로 통독 암송], [영어로 복음 전하기],
[야고보서 영어로 통독 암송], [요나서 영어로 통독 암송], [요한일서 영어로 통독 암송],
[산상수훈 영어로 통독 암송], [요셉 이야기 영어로 통독 암송],
[로마서 8장 영어로 통독 암송] 등을 암송했고,
이번에는 [사도행전 영어로 통독 암송]을 방송한다.

"하나님의 말씀은 살아 있고 활력이 있어 좌우에 날선 어떤 검보다도 예리하여
혼과 영과 및 관절과 골수를 찔러 쪼개기까지 하며
또 마음의 생각과 뜻을 판단하나니
지으신 것이 하나도 그 앞에 나타나지 않음이 없고

우리의 결산을 받으실 이의 눈 앞에
만물이 벌거벗은 것 같이 드러나느니라." (히브리서 4:12-13)

암송된 말씀은 핵미사일처럼 날아가서 듣는 사람과 말하는 사람의 혼과 영을
찔러 쪼개고 벌거벗기며 근본적으로 변화시킨다.

모세가 죽은 뒤 리더가 된 여호수아에게 하나님은
"강하고 담대하고, 두려워하지 말라."
하시면서 다음과 같은 말씀을 주셨다.

"이 율법책을 네 입에서 떠나지 말게 하며 주야로 그것을 묵상하여 그 안에 기록된 대로
다 지켜 행하라 그리하면 네 길이 평탄하게 될 것이며 네가 형통하리라" (여호수아 1:8)

그분의 말씀을 밤낮으로 묵상하라는 계명이시다.
여기서 "묵상"하라고 하는 말의 히브리 원어는
일반적인 묵상과는 다른 의미를 가지고 있다.
보통 "묵상하다" (meditate)라고 하면 조용히 생각하고 연구하는 것으로 느껴진다.
하지만 히브리 원어 "하가 (הגה)"의 실제적 의미는
"읊조리다, 중얼거리다" (murmur) 혹은 "신음소리를 내다" (growl)이다.
그것은 사자의 으르렁거리는 소리나 비둘기의 구구소리 등
동물이 내는 소리를 묘사하는 데 더 자주 사용되었다.
따라서 여기서 묵상하라는 말씀은
그 말씀이 화살처럼 우리의 심령에 깊이 박히고 새겨질 때까지
주야로 끊임없이 큰 소리로 반복해서 외치라는 것이다.
그러면 "네 길이 평탄하게 되며, 모든 일에 형통"하게 되며,

또한 이 말씀들을 영어로 암송할 때

그 안에 깃들어 있는 신령한 영적 능력이 뿜어나와 영어 입을 열어주시는 것이다.

이 “사도행전 영어로 통독 암송” 줄여서 [사도행전]의 본문은,

우리말은 [개역개정],

영어는 [NIV 2011]에서 인용하였다.

과거의 일본식 영어에서 벗어나 누구나 쉽고 재미있게 말씀을 암송할 수 있게 만들었다.

외워지지 않는 것을 강제로 외우는 옛날식 방식이 아니다.

그저 자연스럽게 순서대로 따라가다 보면 저절로 영어로 말씀을 암송하는 새로운 방법이다.

유튜브를 보면서 공부하거나, 교회 주일학교나 학교에서 선생님의 지도를 받으며

공부할 수 있도록 Workbook 형식으로 만들어졌다.

그러면, 영어가 쉬워지는 새로운 원리를 간단히 설명 드린다.

영어가 쉬워지는 새로운 원리

첫째 원리 영어문장은 **궁금한 순서**로 흘러간다

<궁금한 순서 어순감각>

영어는 원래 쉬운 언어다.

단지 어렵게 배워서 잘 못하는 것뿐이다.

영어의 기본 원리는 단 한가지,

바로, **'궁금한 순서로 말한다'** 는 것이다.

높은 곳에서 물을 부으면 낮은 곳을 찾아서 이리저리 자연스럽게 흘러가는 물처럼

영어는 일단 '주어+동사'로 말을 시작해 놓으면

꼬리를 무는 궁금증을 따라서 저절로 흘러가게 되어있다.

요한복음 1장 12절 말씀을 가지고 살펴보자.

To all	모두에게
	(모두 누구?)
who received him,	그분을 영접한
	("누구?" 하고 궁금하면 이렇게 who로 받는다.)
to those	그들에게
	(그들 누구? 또 who로 받는다.)
who believed	믿는
	(뭘 믿는데?)
in his name,	그분의 이름을
	(그 사람들에게 뭘 했는데?)
he gave the right	그분은 권리를 주셨다
	(무슨 권리?)
to become children	자녀가 되는
	(누구의 자녀?)
of God.	하나님의

이런 식으로 한마디가 나오면 그에 따르는 궁금함이 생기고

그 궁금한 것에 대해 답을 하면 또 그에 따른 새로운 궁금함이 생겨서

꼬리가 계속 이어져 나간다.

영어문장은 어떤 것이든지 바로 이 간단한 원리에 의해 흘러간다.

이 원리 하나만 터득해도 영어가 엄청나게 쉬워지고,

영어성경을 얼마든지 읽고 이해하고, 말할 수 있다.

<영어를 만드는 여섯 개의 청크>

영어가 흘러가는 모습을 자세히 관찰해 보면

낱개 단어로 움직이는 것이 아니라, 단어들이 몇 개씩 모여서 덩어리로 진행된다.

이 덩어리를 **'청크(chunk)'**라고 한다.

종류는 6가지다.

1) 주어+동사 청크
2) 전명구(전치사+명사) 청크
3) 준동사 청크 ① to 부정사
4) 준동사 청크 ② ing
5) 준동사 청크 ③ p.p
6) 접속사절 청크

아까 했던 요한복음 1장 12절을 다시 살펴보자.

To all who received him,
(전명구) (접속사절)

to those who believed in his name,
(전명구) (접속사절) (전명구)

he gave the right to become children of God.
(주어동사 청크) (to 부정사) (전명구)

어떤가? 아무리 봐도 이 6가지 청크 밖에 없지 않은가?

옛날식 방법으로 어렵게 영어를 배우다 보면, 영어의 구조가 꽤 복잡하게 느껴지지만

알고 보면 이 6가지의 청크를 궁금한 순서로 말하는 게 영어문장의 전부다.

지금까지 어렵게 배우던 문법도 결국 이 청크들을 복잡하게 설명한 것뿐이다.

쉽게 배워서 쉽게 쓰면 영어가 쉬워진다.

(좀 더 자세한 내용은 영어혁명 2편 [대한민국 스피킹 살리기]를 읽어보시라. 영어성공희망자 필독서)

둘째 원리 강세와 리듬을 알아야 영어가 된다

영어 소리의 비결은 강세와 리듬에 있다.

영어에는 영어만의 독특한 리듬이 있다.

중요한 단어들은 강하고 길게 말하고, 나머지 단어들은 약하고 짧게 발음한다.

강하고 길게 소리 나는 음절들이 거의 일정한 간격으로 말해지면서

파도치듯 박자가 맞춰지는 것이 바로 영어의 강세와 리듬이다.

어순과 청크를 아는 것도 중요하지만

그것들이 제대로 힘을 받으려면 강세와 리듬이 들어가야 한다.

강세와 리듬이 없다면

근육과 인대로 이어지지 않은 뼈들처럼 단어들이 와르르 무너지기 때문이다.

영어가 숙달되는 가장 좋은 방법은 영어문장을 박자 맞춰 읽는 것이다.

이 교재로 공부하면서,

매일같이 본문을 궁금한 어순감각을 느끼며 박자 맞춰 읽어보시라.

얼마 안 가서 영어가 뻥 뚫리는 것을 경험하게 될 것이다.

(자세한 내용은 영어혁명 1편 [대한민국 죽은영어 살리기]의 [Chapter 15. 영어가 '뻥' 뚫리는 강력한 리듬훈련] 참조)

교재의 **구성**

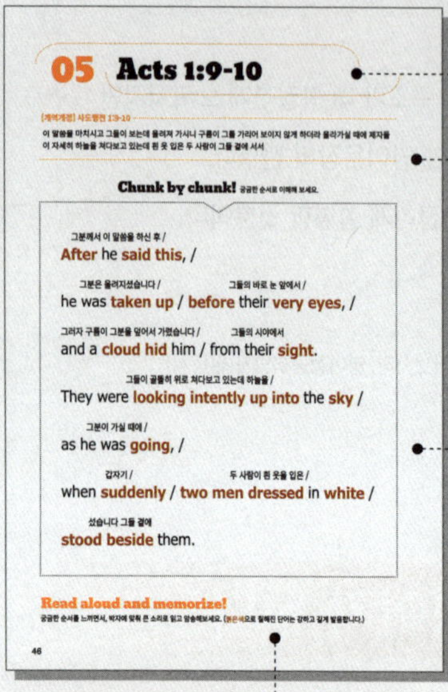

05 Acts 1:9-10

[개역개정] 사도행전 1:9-10

이 말씀을 마치시고 그들이 보는데 올려져 가시니 구름이 그를 가리어 보이지 않게 하더라 올라가실 때에 제자들이 자세히 하늘을 쳐다보고 있는데 흰 옷 입은 두 사람이 그들 곁에 서서

Chunk by chunk! 궁금한 순서로 이해해 보세요.

그분께서 이 말씀을 하신 후 /
After he said this, /

그분은 올려지셨습니다 / 그들의 바로 눈 앞에서 /
he was taken up / before their very eyes, /

그러자 구름이 그분을 덮어서 가렸습니다 / 그들의 시야에서
and a cloud hid him / from their sight.

그들이 골똘히 위로 쳐다보고 있는데 하늘을 /
They were looking intently up into the sky /

그분이 가실 때에 /
as he was going, /

갑자기 / 두 사람이 흰 옷을 입은 /
when suddenly / two men dressed in white /

섰습니다 그들 곁에
stood beside them.

Read aloud and memorize!
궁금한 순서를 느끼면서, 박자에 맞춰 큰 소리로 읽고 암송해보세요. (붉은색으로 칠해진 단어는 강하고 길게 발음합니다.)

46

Words title!

암송할 성경 말씀 장.절을 표기하였다.

우리말 성경!

암송할 영어 성경 말씀에 해당하는 우리말 번역본으로 개역개정을 사용하였다.

Chunk by chunk!

암송할 영어성경 말씀을 궁금한 순서로 읽고 이해하는 단계이다.
본문의 내용을 청크 단위로 읽으면서 영어성경을 쉽게 이해하게 된다.
(영어의 강세와 리듬을 익히도록 강세를 받는 단어들을 붉은색으로 표기했다.)

Read aloud and memorize!

영어의 강세와 리듬을 터득하도록 본문을 큰소리로 박자에 맞춰 읽고 암송하는 단계이다.

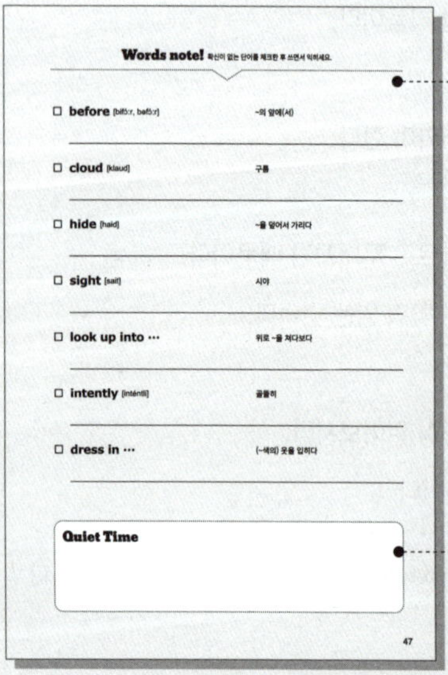

Words note! 확신이 없는 단어를 체크한 후 쓰면서 익히세요.

- ☐ before [bifɔ́:r, bəfɔ́:r] ~의 앞에(서)
- ☐ cloud [klaud] 구름
- ☐ hide [haid] ~을 덮어서 가리다
- ☐ sight [sait] 시야
- ☐ look up into … 위로 ~을 쳐다보다
- ☐ intently [inténtli] 골똘히
- ☐ dress in … (~색의) 옷을 입히다

Quiet Time

47

Words note!

중요 단어들의 뜻을 쓰면서 익히는 단계이다.

Quiet Time

오늘 나에게 주신 말씀을 묵상할 수 있는 공간이다.

Remember and write.

본문을 보지 않고 우리말 힌트를 참고하여
쓰고, 암송하여 또 한 번 쓰는 단계이다.

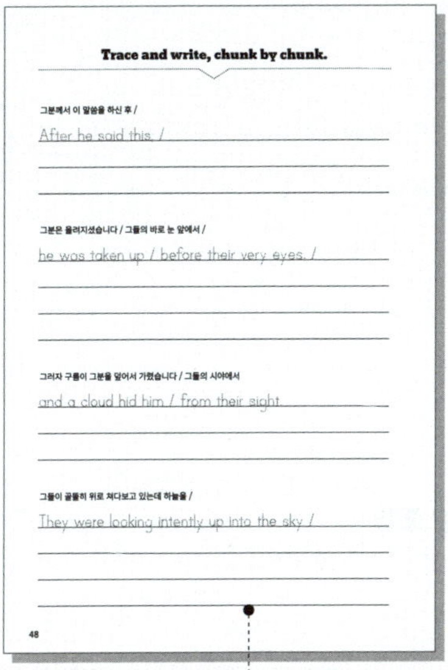

Trace and write, chunk by chunk.

그분께서 이 말씀을 하신 후 /

After he said this. /

그분은 올려지셨습니다 / 그들의 바로 눈 앞에서 /

he was taken up / before their very eyes. /

그러자 구름이 그분을 덮어서 가렸습니다 / 그들의 시야에서

and a cloud hid him / from their sight.

그들이 골똘히 위로 쳐다보고 있는데 하늘을 /

They were looking intently up into the sky /

48

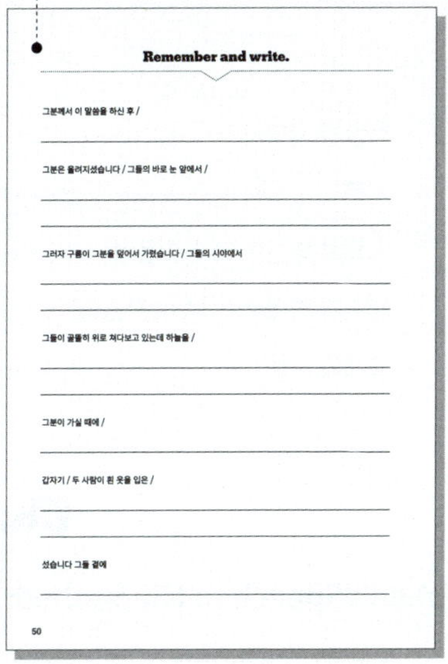

Remember and write.

그분께서 이 말씀을 하신 후 /

그분은 올려지셨습니다 / 그들의 바로 눈 앞에서 /

그러자 구름이 그분을 덮어서 가렸습니다 / 그들의 시야에서

그들이 골똘히 위로 쳐다보고 있는데 하늘을 /

그분이 가실 때에 /

갑자기 / 두 사람이 흰 옷을 입은 /

섰습니다 그들 곁에

50

Trace and write, chunk by chunk.

우리말을 보며 궁금한 순서대로 흘러가는 어순감각을
느끼면서 영어 문장을 베껴 쓰는 단계이다.

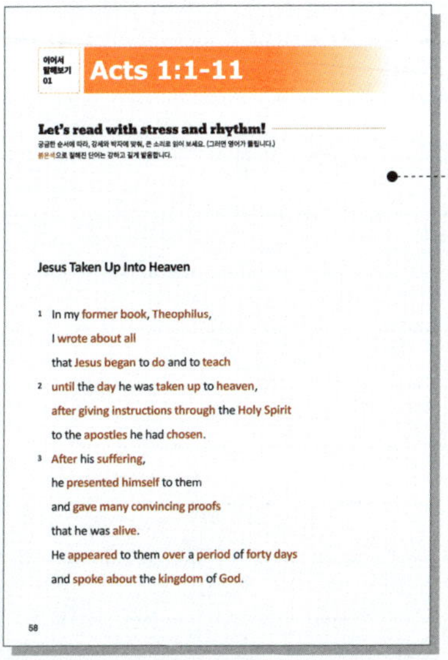

이어서 말해보기 01

Acts 1:1-11

Let's read with stress and rhythm!

궁금한 순서에 따라, 강세와 박자에 맞춰, 큰 소리로 읽어 보세요. (그러면 영어가 뚫립니다.)
붉은색으로 칠해진 단어는 강하고 길게 발음합니다.

Jesus Taken Up Into Heaven

1 In my former book, Theophilus,
I wrote about all
that Jesus began to do and to teach
2 until the day he was taken up to heaven,
after giving instructions through the Holy Spirit
to the apostles he had chosen.
3 After his suffering,
he presented himself to them
and gave many convincing proofs
that he was alive.
He appeared to them over a period of forty days
and spoke about the kingdom of God.

58

이어서 말해보기!

여러 Unit에 걸쳐 공부한 내용을 이어서
강세와 리듬에 맞춰 읽는 단계이다.
강세와 리듬을 넣어 반복해서 읽다 보면
내용이 정리되고 어순감각이 트이게 된다.

TABLE OF CONTENTS

Chapter 16

Stephen's Speech to the Sanhedrin

Chapter 17

The Stoning of Stephen

Appendix

16

Stephen's Speech to the Sanhedrin

95 Acts 7:1-3

[개역개정] 사도행전 7:1-3

대제사장이 이르되 이것이 사실이냐 스데반이 이르되 여러분 부형들이여 들으소서 우리 조상 아브라함이 하란에 있기 전 메소보다미아에 있을 때에 영광의 하나님이 그에게 보여 이르시되 네 고향과 친척을 떠나 내가 네게 보일 땅으로 가라 하시니

Chunk by chunk! 궁금한 순서로 이해해 보세요.

Stephen's Speech to the Sanhedrin

(스데반의 산헤드린 연설)

그러자 대제사장이 스데반에게 물었습니다 /

Then the **high priest asked Stephen**, /

이 혐의들이 사실이오

"Are **these charges true**?"

이에 그가 대답했습니다

To **this** he **replied**:

부형들이여 / 내 말을 들어주십시오

"**Brothers** and **fathers**, / **listen** to me!

영광의 그 하나님께서 나타나셨습니다 우리 조상 아브라함에게 /

The **God** of **glory appeared** to our **father Abraham** /

그가 아직 있을 때 메소보다미아에 /

while he was **still** in **Mesopotamia**, /

그가 살기 전에 하란에

before he **lived** in **Harran**.

'떠나라 네 나라와 네 백성을' 라고 / 하나님께서 말씀하셨습니다 /

'**Leave** your **country** and your **people**,' / **God said**, /

'그리고 땅으로 가라 / 내가 네게 보여줄' 라고

'and **go** to the **land** / I will **show** you.'

Read aloud and memorize!

궁금한 순서를 느끼면서, 박자에 맞춰 큰 소리로 읽고 암송해보세요. (붉은색으로 칠해진 단어는 강하고 길게 발음합니다.)

Words note! 확신이 없는 단어를 체크한 후 쓰면서 익히세요.

☐ **speech** [spiːtʃ] 연설

☐ **Sanhedrin** [sænhédrin | sǽnid- | -rim] 산헤드린, 공회 (公會)

☐ **charge** [tʃaːrdʒ] 고소, 비난, 혐의

☐ **true** [truː] 사실인, 참인

☐ **listen to …** ~를 듣다, 귀를 기울이다

☐ **appear** [əpíər] 나타나다

☐ **father** [fɑ́:ðər] (문어) 조상, 선조

☐ **live** [liv] 살다, 살고 (거주하고) 있다

☐ **leave** [li:v] 떠나(가)다

☐ **show** [ʃou] ~을 보여주다

Quiet Time

Trace and write, chunk by chunk.

스데반의 산헤드린 연설

Stephen's Speech to the Sanhedrin

그러자 대제사장이 스데반에게 물었습니다 /

Then the high priest asked Stephen, /

이 혐의들이 사실이오

"Are these charges true?"

이에 그가 대답했습니다

To this he replied:

부형들이여 / 내 말을 들어주십시오

"Brothers and fathers, / listen to me!

영광의 그 하나님께서 나타나셨습니다 우리 조상 아브라함에게 /

The God of glory appeared to our father Abraham /

그가 아직 있을 때 메소보다미아에 /

while he was still in Mesopotamia, /

그가 살기 전에 하란에

before he lived in Harran.

'떠나라 네 나라와 네 백성을' 라고 / 하나님께서 말씀하셨습니다 /

'Leave your country and your people.' / God said. /

'그리고 땅으로 가라 / 내가 네게 보여줄' 라고

'and go to the land / I will show you.'

Remember and write.

스데반의 산헤드린 연설

그러자 대제사장이 스데반에게 물었습니다 /

이 혐의들이 사실이오

이에 그가 대답했습니다

부형들이여 / 내 말을 들어주십시오

영광의 그 하나님께서 나타나셨습니다 우리 조상 아브라함에게 /

그가 아직 있을 때 메소보다미아에 /

그가 살기 전에 하란에

'떠나라 네 나라와 네 백성을' 라고 / 하나님께서 말씀하셨습니다 /

'그리고 땅으로 가라 / 내가 네게 보여줄' 라고

Remember and write.

96 Acts 7:4-5

[개역개정] 사도행전 7:4-5

아브라함이 갈대아 사람의 땅을 떠나 하란에 거하다가 그의 아버지가 죽으매 하나님이 그를 거기서 너희 지금 사는 이 땅으로 옮기셨느니라 그러나 여기서 발 붙일 만한 땅도 유업으로 주지 아니하시고 다만 이 땅을 아직 자식도 없는 그와 그의 후손에게 소유로 주신다고 약속하셨으며

Chunk by chunk! 궁금한 순서로 이해해 보세요.

그래서 그는 떠나 갈데아 사람들의 땅을 /
"So he **left** the **land** of the **Chaldeans** /

자리 잡았습니다 하란에
and **settled** in **Harran**.

그 아버지의 죽음 후에 /
After the **death** of his **father**, /

하나님께서 그를 보내셨습니다 이 땅에 / 여러분이 지금 살고 있는
God sent him to **this land** / where you are **now living**.

그분은 그에게 주지 않으셨습니다 어떤 상속 재산을 이곳에서 /
He **gave** him **no inheritance here**, /

충분한 땅 조차도 / 그의 발을 내딛기에
not even enough ground / to **set** his **foot** on.

그러나 하나님께서 그에게 약속하셨습니다 /
But **God promised** him /

그와 그 뒤에 오는 그의 후손들이 / 그 땅을 소유할 것이라고 /
that he and his **descendants after** him / would **possess** the **land**, /

비록 그 당시 / 아브라함이 자식이 없었는데도
even though at **that time** / **Abraham had no child**.

Read aloud and memorize!

궁금한 순서를 느끼면서, 박자에 맞춰 큰 소리로 읽고 암송해보세요. (붉은색으로 칠해진 단어는 강하고 길게 발음합니다.)

Words note! 확신이 없는 단어를 체크한 후 쓰면서 익히세요.

☐ **leave** [li:v] 떠나(가)다

☐ **settle in …** ~에 정착하다

☐ **death** [deθ] 죽음

☐ **send** [send] ~을 보내다, 파견하다

☐ **inheritance** [inhérətəns] 상속 재산

☐ **ground** [graund] 땅

☐ **set one's foot on …** ~에 (~의) 발을 붙이다, 내딛다

☐ **promise** [prámis] ~을 약속하다

☐ **descendant** [diséndənt] 자손, 후예

☐ **possess** [pəzés] ~을 소유하다

Quiet Time

Trace and write, chunk by chunk.

그래서 그는 떠나 갈데아 사람들의 땅을 /

"So he left the land of the Chaldeans /

자리 잡았습니다 하란에

and settled in Harran.

그 아버지의 죽음 후에 /

After the death of his father, /

하나님께서 그를 보내셨습니다 이 땅에 / 여러분이 지금 살고 있는

God sent him to this land / where you are now living.

그분은 그에게 주지 않으셨습니다 어떤 상속 재산을 이곳에서 /

He gave him no inheritance here. /

충분한 땅 조차도 / 그의 발을 내딛기에

not even enough ground / to set his foot on.

그러나 하나님께서 그에게 약속하셨습니다 /

But God promised him /

그와 그 뒤에 오는 그의 후손들이 / 그 땅을 소유할 것이라고 /

that he and his descendants after him / would possess the land. /

비록 그 당시 / 아브라함이 자식이 없었는데도

even though at that time / Abraham had no child.

Remember and write.

그래서 그는 떠나 갈데아 사람들의 땅을 /

자리 잡았습니다 하란에

그 아버지의 죽음 후에 /

하나님께서 그를 보내셨습니다 이 땅에 / 여러분이 지금 살고 있는

그분은 그에게 주지 않으셨습니다 어떤 상속 재산을 이곳에서 /

충분한 땅 조차도 / 그의 발을 내딛기에

그러나 하나님께서 그에게 약속하셨습니다 /

그와 그 뒤에 오는 그의 후손들이 / 그 땅을 소유할 것이라고 /

비록 그 당시 / 아브라함이 자식이 없었는데도

Remember and write.

97 Acts 7:6-7

[개역개정] 사도행전 7:6-7

하나님이 또 이같이 말씀하시되 그 후손이 다른 땅에서 나그네가 되리니 그 땅 사람들이 종으로 삼아 사백 년 동안을 괴롭게 하리라 하시고 또 이르시되 종 삼는 나라를 내가 심판하리니 그 후에 그들이 나와서 이 곳에서 나를 섬기리라 하시고

Chunk by chunk! 궁금한 순서로 이해해 보세요.

하나님께서 그에게 말씀하셨습니다 / 이같이

God spoke to him / in **this way**:

'사 백년 동안 /

'For **four hundred years** /

너희 자손들은 이방 사람들이 될 것이다 /

your **descendants** will be **strangers** /

그들의 것이 아닌 나라에서 /

in a **country not** their **own**, /

그리고 그들은 노예들이 되어 / 학대를 받을 것이다

and they will be **enslaved** / and **mistreated**.

그러나 내가 그 나라를 벌할 것이다 /

But I will **punish** the **nation** /

그들이 섬기는 노예들로서' 라고 / 하나님께서 말씀하셨습니다 /

they **serve** as **slaves**,' / **God said**, /

'그리고 그 후에 / 그들은 나와서 그 나라로부터 /

'and **afterward** / they will **come out** of **that country** /

나를 경배할 것이다 / 이 장소에서' 라고

and **worship** me / in **this place**.'

Read aloud and memorize!

궁금한 순서를 느끼면서, 박자에 맞춰 큰 소리로 읽고 암송해보세요. (붉은색으로 칠해진 단어는 강하고 길게 발음합니다.)

Words note! 확신이 없는 단어를 체크한 후 쓰면서 익히세요.

- ☐ **descendant** [diséndənt] 자손, 후예
- ☐ **stranger** [stréindʒər] 이방인
- ☐ **own** [oun] 자기의 것
- ☐ **enslave** [insléiv] 노예로 삼다
- ☐ **mistreat** [mistri't] ~를 학대하다, 혹사하다

☐ **punish** [pʌniʃ] 벌하다, 처벌하다

☐ **nation** [néiʃən] 나라, 국가

☐ **serve** [sə:rv] ~을 섬기다

☐ **come out of …** ~로부터 나오다

☐ **worship** [wə́:rʃip] 예배하다, 경배하다

Quiet Time

Trace and write, chunk by chunk.

하나님께서 그에게 말씀하셨습니다 / 이같이

God spoke to him / in this way:

'사 백년 동안 /

'For four hundred years /

너희 자손들은 이방 사람들이 될 것이다 /

your descendants will be strangers /

그들의 것이 아닌 나라에서 /

in a country not their own, /

그리고 그들은 노예들이 되어 / 학대를 받을 것이다

and they will be enslaved / and mistreated.

그러나 내가 그 나라를 벌할 것이다 /

But I will punish the nation /

그들이 섬기는 노예들로서' 라고 / 하나님께서 말씀하셨습니다 /

they serve as slaves,' / God said, /

'그리고 그 후에 / 그들은 나와서 그 나라로부터 /

'and afterward / they will come out of that country /

나를 경배할 것이다 / 이 장소에서' 라고

and worship me / in this place.'

Remember and write.

하나님께서 그에게 말씀하셨습니다 / 이같이

‘사 백년 동안 /

너희 자손들은 이방 사람들이 될 것이다 /

그들의 것이 아닌 나라에서 /

그리고 그들은 노예들이 되어 / 학대를 받을 것이다

그러나 내가 그 나라를 벌할 것이다 /

그들이 섬기는 노예들로서’ 라고 / 하나님께서 말씀하셨습니다 /

‘그리고 그 후에 / 그들은 나와서 그 나라로부터 /

나를 경배할 것이다 / 이 장소에서’ 라고

Remember and write.

Verse Work

Look up and write.

Which Old Testament passage did Peter refer to in Acts 7:6-7?

[Genesis 15:13]

[Genesis 15:14]

Answer Key: [Genesis 15:13] Know for certain that for four hundred years your descendants will be strangers in a county not their own and that they will be enslaved and mistreated there.
[Genesis 15:14] But I will punish the nation they serve as slaves, and afterward they will come out with great possessions.

98 Acts 7:8

[개역개정] 사도행전 7:8

할례의 언약을 아브라함에게 주셨더니 그가 이삭을 낳아 여드레만에 할례를 행하고 이삭이 야곱을, 야곱이 우리 열두 조상을 낳으니라

Chunk by chunk! 궁금한 순서로 이해해 보세요.

그러고 나서 그분은 아브라함에게 주셨습니다 / 할례의 언약을

Then he **gave Abraham** / the **covenant** of **circumcision.**

그래서 아브라함이 이삭의 아버지가 되었고 /

And **Abraham became** the **father** of **Isaac** /

그에게 할례를 베풀었습니다 / 여덟 번째 되는 날에 그의 탄생 후 /

and **circumcised** him / **eight days after** his **birth.** /

후에 이삭은 야곱의 아버지가 되었습니다 /

Later Isaac became the **father** of **Jacob**, /

그리고 야곱은 열 두 족장의 아버지가 되었습니다

and **Jacob became** the **father** of the **twelve patriarchs.**

Read aloud and memorize!

궁금한 순서를 느끼면서, 박자에 맞춰 큰 소리로 읽고 암송해보세요. (붉은색으로 칠해진 단어는 강하고 길게 발음합니다.)

Words note! 확신이 없는 단어를 체크한 후 쓰면서 익히세요.

☐ **give** [giv] 주다

☐ **covenant** [kΛvənənt] 계약, 언약

☐ **circumcision** [sə̀:rkəmsíʒən] 할례
*circumcise [sə́:rkəmsàiz] ~에게 할례를 베풀다

☐ **become** [bikΛm] ~이 되다

☐ **father** [fɑ́:ðər] 아버지

☐ **birth** [bə:rθ] 출생, 탄생

☐ **patriarch** [péitriɑ̀:rk] 족장

Quiet Time

Trace and write, chunk by chunk.

그러고 나서 그분은 아브라함에게 주셨습니다 / 할례의 언약을

Then he gave Abraham / the covenant of circumcision.

그래서 아브라함이 이삭의 아버지가 되었고 /

And Abraham became the father of Isaac /

그에게 할례를 베풀었습니다 / 여덟 번째 되는 날에 그의 탄생 후/

and circumcised him / eight days after his birth. /

후에 이삭은 야곱의 아버지가 되었습니다 /

Later Isaac became the father of Jacob. /

그리고 야곱은 열 두 족장의 아버지가 되었습니다

and Jacob became the father of the twelve

patriarchs.

Remember and write.

그러고 나서 그분은 아브라함에게 주셨습니다 / 할례의 언약을

그래서 아브라함이 이삭의 아버지가 되었고 /

그에게 할례를 베풀었습니다 / 여덟 번째 되는 날에 그의 탄생 후/

후에 이삭은 야곱의 아버지가 되었습니다 /

그리고 야곱은 열 두 족장의 아버지가 되었습니다

Remember and write.

99 Acts 7:9-10

[개역개정] 사도행전 7:9-10

여러 조상이 요셉을 시기하여 애굽에 팔았더니 하나님이 그와 함께 계서 그 모든 환난에서 건져내사 애굽 왕 바로 앞에서 은총과 지혜를 주시매 바로가 그를 애굽과 자기 온 집의 통치자로 세웠느니라

Chunk by chunk! 궁금한 순서로 이해해 보세요.

그 족장들이 요셉을 질투했기 때문에 /

"**Because** the **patriarchs** were **jealous** of **Joseph**, /

그들은 그를 팔았습니다 / 노예로 이집트에

they **sold** him / as a **slave into Egypt**.

그러나 하나님께서는 그와 함께 하셨고 /

But **God** was **with** him /

그를 구해 주셨습니다 / 그의 모든 환난에서

and **rescued** him / from **all** his **troubles**.

그분은 요셉에게 지혜를 주셔서 /

He **gave Joseph wisdom** /

그가 ~할 수 있게 하셨습니다 / 호의를 받을 수 있게 이집트 왕 파라오의

and **enabled** him / to **gain** the **goodwill** of **Pharaoh king** of **Egypt**.

그래서 파라오는 그를 만들었습니다 / 통치자로 이집트와 그의 온 궁전의

So **Pharaoh made** him / **ruler over Egypt** and **all** his **palace**.

Read aloud and memorize!

궁금한 순서를 느끼면서, 박자에 맞춰 큰 소리로 읽고 암송해보세요. (붉은색으로 칠해진 단어는 강하고 길게 발음합니다.)

Words note! 확신이 없는 단어를 체크한 후 쓰면서 익히세요.

- ☐ **be jealous of …** ~을 질투하다, 시기하다
- ☐ **patriarch** [péitriὰ:rk] 족장
- ☐ **slave** [sleiv] 노예
- ☐ **rescue … from …** ~를 ~에서 구조하다, 구출하다
- ☐ **trouble** [trʌbl] 고난, 역경, 환난
- ☐ **wisdom** [wízdəm] 지혜
- ☐ **gain** [gein] ~을 얻다, 획득하다
- ☐ **goodwill** [gúdwíl] 호의, 친절
- ☐ **ruler** [rú:lər] 통치자

Trace and write, chunk by chunk.

그 족장들이 요셉을 질투했기 때문에 /

"Because the patriarchs were jealous of Joseph, /

그들은 그를 팔았습니다 / 노예로 이집트에

they sold him / as a slave into Egypt.

그러나 하나님께서는 그와 함께 하셨고 /

But God was with him /

그를 구해 주셨습니다 / 그의 모든 환난에서

and rescued him / from all his troubles.

그분은 요셉에게 지혜를 주셔서 /

He gave Joseph wisdom /

그가 ~할 수 있게 하셨습니다 / 호의를 받을 수 있게 이집트 왕 파라오의

and enabled him / to gain the goodwill of Pharaoh king of Egypt.

그래서 파라오는 그를 만들었습니다 / 통치자로 이집트와 그의 온 궁전의

So Pharaoh made him / ruler over Egypt and all his palace.

Remember and write.

그 족장들이 요셉을 질투했기 때문에 /

그들은 그를 팔았습니다 / 노예로 이집트에

그러나 하나님께서는 그와 함께 하셨고 /

그를 구해 주셨습니다 / 그의 모든 환난에서

그분은 요셉에게 지혜를 주셔서 /

그가 ~할 수 있게 하셨습니다 / 호의를 받을 수 있게 이집트 왕 파라오의

그래서 파라오는 그를 만들었습니다 / 통치자로 이집트와 그의 온 궁전의

Remember and write.

100 Acts 7:11-13

[개역개정] 사도행전 7:11-13

그 때에 애굽과 가나안 온 땅에 흉년이 들어 큰 환난이 있을새 우리 조상들이 양식이 없는지라 야곱이 애굽에 곡식이 있다는 말을 듣고 먼저 우리 조상들을 보내고 또 재차 보내매 요셉이 자기 형제들에게 알려지게 되고 또 요셉의 친족이 바로에게 드러나게 되니라

Chunk by chunk! 궁금한 순서로 이해해 보세요.

그 후에 기근이 덮쳐서 온 이집트와 온 가나안을 /

"**Then** a **famine struck all Egypt** and **Canaan**, /

큰 고통을 초래하였습니다 /

bringing great suffering, /

그래서 우리 조상들은 식량을 찾을 수 없었습니다

and our **ancestors** could **not find food**.

야곱이 들었을 때 / 곡식이 있다는 것을 이집트에 /

When **Jacob heard** / that there was **grain** in **Egypt**, /

그는 우리 조상들을 보냈습니다 / 그들의 첫 번째 방문에

he **sent** our **forefathers** / on their **first visit**.

그들의 두 번째 방문에 /

On their **second visit**, /

요셉은 그의 형제들에게 말했습니다 / 그가 누구인지 /

Joseph told his **brothers** / **who** he was, /

그래서 파라오는 알게 되었습니다 요셉의 가족에 대해

and **Pharaoh learned about Joseph's family**.

Read aloud and memorize!

궁금한 순서를 느끼면서, 박자에 맞춰 큰 소리로 읽고 암송해보세요. (붉은색으로 칠해진 단어는 강하고 길게 발음합니다.)

Words note! 확신이 없는 단어를 체크한 후 쓰면서 익히세요.

- ☐ **famine** [fǽmin] 기근
- ☐ **strike** [straik] (병 등이) 덮치다
- ☐ **bring** [briŋ] ~을 가져오다, 초래하다
- ☐ **suffering** [sʌ́fəriŋ] 고통
- ☐ **ancestor** [ǽnsestər] 조상, 선조
- ☐ **grain** [grein] (집합적) 곡물, 곡식류
- ☐ **send** [send] ~을 보내다, 파견하다
- ☐ **forefather** [fɔ'rfaˌðər] (문어) (주로 남자) 조상, 선조
- ☐ **visit** [vízit] 방문
- ☐ **learn about …** ~을 알다, 들어서 알다

Trace and write, chunk by chunk.

그 후에 기근이 덮쳐서 온 이집트와 온 가나안을 /

"Then a famine struck all Egypt and Canaan, /

큰 고통을 초래하였습니다 /

bringing great suffering, /

그래서 우리 조상들은 식량을 찾을 수 없었습니다

and our ancestors could not find food.

야곱이 들었을 때 / 곡식이 있다는 것을 이집트에 /

When Jacob heard / that there was grain in Egypt, /

그는 우리 조상들을 보냈습니다 / 그들의 첫 번째 방문에

he sent our forefathers / on their first visit.

그들의 두 번째 방문에 /

On their second visit, /

요셉은 그의 형제들에게 말했습니다 / 그가 누구인지 /

Joseph told his brothers / who he was, /

그래서 파라오는 알게 되었습니다 요셉의 가족에 대해

and Pharaoh learned about Joseph's family.

Remember and write.

그 후에 기근이 덮쳐서 온 이집트와 온 가나안을 /

큰 고통을 초래하였습니다 /

그래서 우리 조상들은 식량을 찾을 수 없었습니다

야곱이 들었을 때 / 곡식이 있다는 것을 이집트에 /

그는 우리 조상들을 보냈습니다 / 그들의 첫 번째 방문에

그들의 두 번째 방문에 /

요셉은 그의 형제들에게 말했습니다 / 그가 누구인지 /

그래서 파라오는 알게 되었습니다 요셉의 가족에 대해

Remember and write.

101 Acts 7:14-16

[개역개정] 사도행전 7:14-16

요셉이 사람을 보내어 그의 아버지 야곱과 온 친족 일흔다섯 사람을 청하였더니 야곱이 애굽으로 내려가 자기와 우리 조상들이 거기서 죽고 세겜으로 옮겨져 아브라함이 세겜 하몰의 자손에게서 은으로 값 주고 산 무덤에 장사되니라

Chunk by chunk! 궁금한 순서로 이해해 보세요.

이 일이 있은 후 /
After this, /

요셉은 사람을 보냈습니다 그의 아버지 야곱을 부르러 / 그리고 그의 온 가족을 /
Joseph sent for his **father Jacob** / and his **whole family**, /

일흔다섯 명 모두 합쳐서
seventy-**five** in **all**.

그러고 나서 야곱은 내려 갔으며 이집트로 /
Then Jacob went down to **Egypt**, /

거기서 그와 우리 조상들이 죽었습니다
where he and our **ancestors died**.

그들의 유해는 가지고 와서 세겜으로 /
Their **bodies** were **brought back** to **Shechem** /

놓여졌습니다 무덤에 /
and **placed** in the **tomb** /

아브라함이 샀던 / 세겜의 하몰의 아들들에게서 /

that **Abraham** had **bought** / from the **sons** of **Hamor** at **Shechem** /

일정한 금액을 주고

for a **certain sum** of **money**.

Read aloud and memorize!

궁금한 순서를 느끼면서, 박자에 맞춰 큰 소리로 읽고 암송해보세요. (붉은색으로 칠해진 단어는 강하고 길게 발음합니다.)

Words note! 확신이 없는 단어를 체크한 후 쓰면서 익히세요.

- ☐ **send for …** ~를 부르러 (사람을) 보내다
- ☐ **in all** 전부, 모두
- ☐ **ancestor** [ǽnsestər] 조상, 선조
- ☐ **die** [dai] 죽다
- ☐ **body** [bάdi] 시체

☐ **bring … back** ~를 가지고 오다, 되돌리다

☐ **place** [pleis] ~을 놓다, 두다

☐ **tomb** [tu:m] 무덤

☐ **buy** [bai] ~을 사다, 구입하다

☐ **for a certain sum of money** 일정한 금액을 지불하고

Quiet Time

Trace and write, chunk by chunk.

이 일이 있은 후 /

After this, /

요셉은 사람을 보냈습니다 그의 아버지 야곱을 부르러 / 그리고 그의 온 가족을 /

Joseph sent for his father Jacob / and his whole family, /

일흔다섯 명 모두 합쳐서

seventy-five in all.

그러고 나서 야곱은 내려 갔으며 이집트로 /

Then Jacob went down to Egypt, /

거기서 그와 우리 조상들이 죽었습니다

where he and our ancestors died.

그들의 유해는 가지고 와서 세겜으로 /

Their bodies were brought back to Shechem /

놓여졌습니다 무덤에 /

and placed in the tomb /

아브라함이 샀던 / 세겜의 하몰의 아들들에게서 /

that Abraham had bought / from the sons of Hamor at Shechem /

일정한 금액을 주고

for a certain sum of money.

Remember and write.

이 일이 있은 후 /

요셉은 사람을 보냈습니다 그의 아버지 야곱을 부르러 / 그리고 그의 온 가족을 /

일흔다섯 명 모두 합쳐서

그러고 나서 야곱은 내려 갔으며 이집트로 /

거기서 그와 우리 조상들이 죽었습니다

그들의 유해는 가지고 와서 세겜으로 /

놓여졌습니다 무덤에 /

아브라함이 샀던 / 세겜의 하몰의 아들들에게서 /

일정한 금액을 주고

Remember and write.

Verse Work

Complete.

Abraham	Egypt	Hamor
Jacob	Joseph	Shechem

After this, 1. ____________ sent for his father Jacob and his whole family, seventy-five in all. Then 2. ____________ went down to 3. ____________, where he and our ancestors died. Their bodies were brought back to 4. ____________ and placed in the tomb that 5. ____________ had bought from the sons of 6. ____________ at Shechem for a certain sum of money.

Answer Key: 1. Joseph 2. Jacob 3. Egypt 4. Shechem 5. Abraham 6. Hamor

102 Acts 7:17-19

[개역개정] 사도행전 7:17-19

하나님이 아브라함에게 약속하신 때가 가까우매 이스라엘 백성이 애굽에서 번성하여 많아졌더니요셉을 알지 못하는 새 임금이 애굽 왕위에 오르매 그가 우리 족속에게 교활한 방법을 써서 조상들을 괴롭게 하여 그 어린 아이들을 내버려 살지 못하게 하려 할새

Chunk by chunk! 궁금한 순서로 이해해 보세요.

때가 다가오자 /

"As the **time drew near** /

하나님께서 성취하실 아브라함에게 하셨던 그분의 약속을 /

for **God** to **fulfill** his **promise** to **Abraham**, /

우리 민족의 수는 이집트에서 /

the **number** of our **people** in **Egypt** /

크게 늘었습니다

had **greatly increased**.

그러고 나서 '새 왕이 / 그에게 요셉은 아무 의미가 없었던 /

Then 'a **new king**, / to **whom Joseph meant nothing**, /

집권하였습니다 이집트에서'

came to **power** in **Egypt**.'

그는 다루고 의심스럽게 우리 민족을 /
He **dealt treacherously** with our **people** /

억압했습니다 우리 조상들을 /
and **oppressed** our **ancestors** /

그들에게 강요함으로써 / 그들의 갓 태어난 아기들을 내다 버리도록 /
by **forcing** them / to **throw out** their **newborn babies** /

그들이 죽도록 하기 위해
so that they would **die**.

Read aloud and memorize!

궁금한 순서를 느끼면서, 박자에 맞춰 큰 소리로 읽고 암송해보세요. (붉은색으로 칠해진 단어는 강하고 길게 발음합니다.)

Words note! 확신이 없는 단어를 체크한 후 쓰면서 익히세요.

- ☐ **draw near** 다가오다
- ☐ **fulfill** [fulfíl] (약속 등을) 실현하다, 성취하다
- ☐ **promise** [prámis] 약속, 맹세

☐ **increase** [inkríːs] 늘다, 증가하다

☐ **mean** [miːn] ~에게 ~의 의미(가치)가 있다

☐ **come to power** 집권하다, 정권을 장악하다

☐ **deal with …** ~를 다루다, 대하다

☐ **treacherously** [trétʃərəsli] 기대에 어긋나게, 믿을 수 없게

☐ **oppress** [əprés] ~을 억압하다, 압제하다

☐ **ancestor** [ǽnsestər] 조상, 선조

☐ **force** [fɔːrs] ~에게 ~하도록 강요하다

☐ **throw … out** ~을 내던지다, 버리다

☐ **newborn** [nu'bɔrn] 갓난, 신생의

Trace and write, chunk by chunk.

때가 다가오자 /

"As the time drew near /

하나님께서 성취하실 아브라함에게 하셨던 그분의 약속을 /

for God to fulfill his promise to Abraham, /

우리 민족의 수는 이집트에서 /

the number of our people in Egypt /

크게 늘었습니다

had greatly increased.

그러고 나서 '새 왕이 / 그에게 요셉은 아무 의미가 없었던 /

Then 'a new king, / to whom Joseph meant nothing, /

집권하였습니다 이집트에서'

came to power in Egypt.'

그는 다루고 의심스럽게 우리 민족을 /

He dealt treacherously with our people /

억압했습니다 우리 조상들을 /

and oppressed our ancestors /

그들에게 강요함으로써 / 그들의 갓 태어난 아기들을 내다 버리도록 /

by forcing them / to throw out their newborn babies /

그들이 죽도록 하기 위해

so that they would die.

Remember and write.

때가 다가오자 /

하나님께서 성취하실 아브라함에게 하셨던 그분의 약속을 /

우리 민족의 수는 이집트에서 /

크게 늘었습니다

그러고 나서 '새 왕이 / 그에게 요셉은 아무 의미가 없었던 /

집권하였습니다 이집트에서'

그는 다루고 의심스럽게 우리 민족을 /

억압했습니다 우리 조상들을 /

그들에게 강요함으로써 / 그들의 갓 태어난 아기들을 내다 버리도록 /

그들이 죽도록 하기 위해

Remember and write.

103 Acts 7:20-22

[개역개정] 사도행전 7:20-22

그 때에 모세가 났는데 하나님 보시기에 아름다운지라 그의 아버지의 집에서 석 달 동안 길리더니 버려진 후에 바로의 딸이 그를 데려다가 자기 아들로 기르매 모세가 애굽 사람의 모든 지혜를 배워 그의 말과 하는 일들이 능하더라

Chunk by chunk! 궁금한 순서로 이해해 보세요.

그 때 / 모세가 태어났습니다 /

"At **that time** / **Moses** was **born**, /

그런데 그는 평범한 아이가 아니었습니다

and he was **no ordinary child**.

석 달 동안 / 그는 보살핌을 받았습니다 그의 가족에 의해서

For **three months** / he was **cared for** by his **family**.

그가 놓여졌을 때 바깥에 /

When he was **placed outside**, /

파라오의 딸이 그를 데려다가 /

Pharaoh's daughter took him /

그를 키웠습니다 / 그녀 자신의 아들로

and **brought** him **up** / as her **own son**.

모세는 교육을 받았습니다 / 이집트 사람들의 모든 지혜로 /

Moses was **educated** / in **all** the **wisdom** of the **Egyptians** /

그래서 힘이 있었습니다 말과 행동에

and was **powerful** in **speech** and **action**.

Read aloud and memorize!

궁금한 순서를 느끼면서, 박자에 맞춰 큰 소리로 읽고 암송해보세요. (붉은색으로 칠해진 단어는 강하고 길게 발음합니다.)

Words note! 확신이 없는 단어를 체크한 후 쓰면서 익히세요.

- ☐ **bear** [bɛər] (아이, 새끼를) 낳다, 출산하다
- ☐ **ordinary** [ɔ́:rdənèri] 보통 정도의, 평범한
- ☐ **care for …** ~를 돌보다
- ☐ **place** [pleis] ~을 놓다, 두다
- ☐ **bring … up** ~를 기르다, 양육하다
- ☐ **own** [oun] 자기 자신의
- ☐ **educate** [édʒukèit] 교육을 하다
- ☐ **powerful** [páuərfəl] 힘있는; 강력한
- ☐ **speech** [spi:tʃ] 말, 말하는 능력

Trace and write, chunk by chunk.

그 때 / 모세가 태어났습니다 /

"At that time / Moses was born. /

그런데 그는 평범한 아이가 아니었습니다

and he was no ordinary child.

석 달 동안 / 그는 보살핌을 받았습니다 그의 가족에 의해서

For three months / he was cared for by his family.

그가 놓여졌을 때 바깥에 /

When he was placed outside, /

파라오의 딸이 그를 데려다가 /

Pharaoh's daughter took him /

그를 키웠습니다 / 그녀 자신의 아들로

and brought him up / as her own son.

모세는 교육을 받았습니다 / 이집트 사람들의 모든 지혜로 /

Moses was educated / in all the wisdom of the Egyptians /

그래서 힘이 있었습니다 말과 행동에

and was powerful in speech and action.

Remember and write.

그 때 / 모세가 태어났습니다 /

그런데 그는 평범한 아이가 아니었습니다

석 달 동안 / 그는 보살핌을 받았습니다 그의 가족에 의해서

그가 놓여졌을 때 바깥에 /

파라오의 딸이 그를 데려다가 /

그를 키웠습니다 / 그녀 자신의 아들로

모세는 교육을 받았습니다 / 이집트 사람들의 모든 지혜로 /

그래서 힘이 있었습니다 말과 행동에

Remember and write.

104 Acts 7:23-25

[개역개정] 사도행전 7:23-25

나이가 사십이 되매 그 형제 이스라엘 자손을 돌볼 생각이 나더니 한 사람이 원통한 일을 당함을 보고 보호하여 압제 받는 자를 위하여 원수를 갚아 애굽 사람을 쳐 죽이니라 그는 그의 형제들이 하나님께서 자기의 손을 통하여 구원해 주시는 것을 깨달으리라고 생각하였으나 그들이 깨닫지 못하였더라

Chunk by chunk! 궁금한 순서로 이해해 보세요.

모세가 사십 세가 되었을 때 /
"When **Moses** was **forty years old**, /

그는 결심했습니다 그의 동족을 찾아 가기로 / 이스라엘 사람들을
he **decided** to **visit** his **own people**, / the **Israelites**.

그는 그들 중 한 사람을 보았습니다 / 학대를 받고 있는 이집트 사람에 의해서 /
He **saw one** of them / being **mistreated** by an **Egyptian**, /

그래서 그는 그를 보호하다가 /
so he **went** to his **defense** /

그에게 복수를 했습니다 / 그 이집트 사람을 죽임으로써
and **avenged** him / by **killing** the **Egyptian**.

모세는 생각했습니다 / 그의 동족이 깨닫을 것이라고 /
Moses thought / that his **own people** would **realize** /

하나님께서 그를 사용하고 계시다는 것을 / 그들을 구하기 위해 /
that **God** was **using** him / to **rescue** them, /

그러나 그들은 그렇지 않았습니다
but they did **not**.

Read aloud and memorize!

궁금한 순서를 느끼면서, 박자에 맞춰 큰 소리로 읽고 암송해보세요. (붉은색으로 칠해진 단어는 강하고 길게 발음합니다.)

Words note! 확신이 없는 단어를 체크한 후 쓰면서 익히세요.

☐ **decide** [disáid] ~하기로 결심하다

☐ **visit** [vízit] ~을 방문하다, 찾아가다

☐ **mistreat** [mistri't] ~를 혹사하다, 학대하다

☐ **go to one's defense** ~을 지키다, 보호하다, 옹호하다

☐ **avenge** [əvéndʒ] (피해 등을) 복수하다, 원수를 갚다

☐ **kill** [kil] ~을 죽이다, 살해하다

☐ **think** [θiŋk] ~이라고 생각하다, 느끼다

☐ **realize** [rí:əlàiz] ~을 깨닫다

☐ **use** [ju:z] ~을 사용하다, 활용하다

☐ **rescue** [réskju:] ~을 구조하다, 구출하다

Trace and write, chunk by chunk.

모세가 사십 세가 되었을 때 /

"When Moses was forty years old, /

그는 결심했습니다 그의 동족을 찾아 가기로 / 이스라엘 사람들을

he decided to visit his own people, / the Israelites.

그는 그들 중 한 사람을 보았습니다 / 학대를 받고 있는 이집트 사람에 의해서 /

He saw one of them / being mistreated by an Egyptian, /

그래서 그는 그를 보호하다가 /

so he went to his defense /

그에게 복수를 했습니다 / 그 이집트 사람을 죽임으로써

and avenged him / by killing the Egyptian.

모세는 생각했습니다 / 그의 동족이 깨닫을 것이라고 /

Moses thought / that his own people would realize /

하나님께서 그를 사용하고 계시다는 것을 / 그들을 구하기 위해 /

that God was using him / to rescue them. /

그러나 그들은 그렇지 않았습니다

but they did not.

Remember and write.

모세가 사십 세가 되었을 때 /

그는 결심했습니다 그의 동족을 찾아 가기로 / 이스라엘 사람들을

그는 그들 중 한 사람을 보았습니다 / 학대를 받고 있는 이집트 사람에 의해서 /

그래서 그는 그를 보호하다가 /

그에게 복수를 했습니다 / 그 이집트 사람을 죽임으로써

모세는 생각했습니다 / 그의 동족이 깨닫을 것이라고 /

하나님께서 그를 사용하고 계시다는 것을 / 그들을 구하기 위해 /

그러나 그들은 그렇지 않았습니다

Remember and write.

105 Acts 7:26

[개역개정] 사도행전 7:26

이튿날 이스라엘 사람끼리 싸울 때에 모세가 와서 화해시키려 하여 이르되 너희는 형제인데 어찌 서로 해치느냐 하니

Chunk by chunk! 궁금한 순서로 이해해 보세요.

다음 날 /
The **next day** /

모세는 우연히 두 명의 이스라엘 사람을 만났습니다 / 싸우고 있는
Moses came upon two Israelites / who were **fighting**.

그는 시도했습니다 그들을 화해시키려고 / 말함으로써 /
He **tried** to **reconcile** them / by **saying**, /

'여보시오 여러분은 형제입니다 /
'**Men**, you are **brothers**; /

어찌하여 여러분은 해치고 싶어 합니까 서로를' 라고
why do you **want** to **hurt each** other?'

Read aloud and memorize!

궁금한 순서를 느끼면서, 박자에 맞춰 큰 소리로 읽고 암송해보세요. (붉은색으로 칠해진 단어는 강하고 길게 발음합니다.)

Words note! 확신이 없는 단어를 체크한 후 쓰면서 익히세요.

- ☐ **come upon …** 우연히 ~을 만나다
- ☐ **fight** [fait] 싸우다
- ☐ **try** [trai] ~하려고 시도하다, 노력하다
- ☐ **reconcile** [rékənsàil] 화해시키다
- ☐ **want** [want, wɔ:nt] ~하고 싶다, 싶어하다
- ☐ **hurt** [hə:rt] ~에게 상처를 주다, ~을 해치다
- ☐ **each other** 서로

Quiet Time

Trace and write, chunk by chunk.

다음 날 /

The next day /

모세는 우연히 두 명의 이스라엘 사람을 만났습니다 / 싸우고 있는

Moses came upon two Israelites / who were fighting.

그는 시도했습니다 그들을 화해시키려고 / 말함으로써 /

He tried to reconcile them / by saying, /

'여보시오 여러분은 형제입니다 /

'Men, you are brothers; /

어찌하여 여러분은 해치고 싶어 합니까 서로를' 라고

why do you want to hurt each other?'

Remember and write.

다음 날 /

모세는 우연히 두 명의 이스라엘 사람을 만났습니다 / 싸우고 있는

그는 시도했습니다 그들을 화해시키려고 / 말함으로써 /

'여보시오 여러분은 형제입니다 /

어찌하여 여러분은 해치고 싶어 합니까 서로를' 라고

Remember and write.

Verse Work

Answer.

1. What problem did Moses next come upon?

2. How did he try to solve it?

Answer Key: 1. He came upon two Israelites who were fighting. 2. He tried to reconcile them by saying, 'Men, you are brothers; why do you want to hurt each other?

106 Acts 7:27-29

[개역개정] 사도행전 7:27-29

그 동무를 해치는 사람이 모세를 밀어뜨려 이르되 누가 너를 관리와 재판장으로 우리 위에 세웠느냐 네가 어제는 애굽 사람을 죽임과 같이 또 나를 죽이려느냐 하니 모세가 이 말 때문에 도주하여 미디안 땅에서 나그네 되어 거기서 아들 둘을 낳으니라

Chunk by chunk! 궁금한 순서로 이해해 보세요.

그러자 그 사람이 / 다른 사람을 학대하고 있는 /

"But the **man** / who was **mistreating** the **other** /

모세를 밀어 제치면서 옆으로 / 말했습니다 /

pushed Moses aside / and **said**, /

'누가 당신을 만들었습니까 우리의 통치자와 재판장으로

'**Who made** you **ruler** and **judge over** us?

당신은 생각하고 있습니까 나를 죽일 /

Are you **thinking** of **killing** me /

당신이 그 이집트 사람을 죽인 것처럼 어제' 라고

as you **killed** the **Egyptian yesterday**?'

모세는 이 말을 듣고 /

When **Moses heard this**, /

그는 미디안으로 도망쳤으며 /

he **fled** to **Midian**, /

거기서 그는 정착하고 이방 사람으로 / 아들 둘을 가졌습니다

where he **settled** as a **foreigner** / and **had two sons**.

Read aloud and memorize!

궁금한 순서를 느끼면서, 박자에 맞춰 큰 소리로 읽고 암송해보세요. (붉은색으로 칠해진 단어는 강하고 길게 발음합니다.)

Words note! 확신이 없는 단어를 체크한 후 쓰면서 익히세요.

- ☐ **mistreat** [mistri't] ~를 혹사하다, 학대하다
- ☐ **push … aside** ~을 밀어 제치다
- ☐ **ruler** [rúːlər] 통치자, 지배자
- ☐ **judge** [dʒʌdʒ] 재판관, 재판장
- ☐ **think of …** ~을 생각하다
- ☐ **kill** [kil] ~을 죽이다, 살해하다
- ☐ **flee** [fliː] ~으로 도망치다, 도피하다
- ☐ **settle** [sétl] 거주하다, 정착하다
- ☐ **foreigner** [fɔ́ːrənər, fάrənər] 이방인

Trace and write, chunk by chunk.

그러자 그 사람이 / 다른 사람을 학대하고 있는 /

"But the man / who was mistreating the other /

모세를 밀어 제치면서 옆으로 / 말했습니다 /

pushed Moses aside / and said, /

'누가 당신을 만들었습니까 우리의 통치자와 재판장으로

'Who made you ruler and judge over us?

당신은 생각하고 있습니까 나를 죽일 /

Are you thinking of killing me /

당신이 그 이집트 사람을 죽인 것처럼 어제' 라고

as you killed the Egyptian yesterday?'

모세는 이 말을 듣고 /

When Moses heard this, /

그는 미디안으로 도망쳤으며 /

he fled to Midian, /

거기서 그는 정착하고 이방 사람으로 / 아들 둘을 가졌습니다

where he settled as a foreigner / and had two sons.

Remember and write.

그러자 그 사람이 / 다른 사람을 학대하고 있는 /

모세를 밀어 제치면서 옆으로 / 말했습니다 /

'누가 당신을 만들었습니까 우리의 통치자와 재판장으로

당신은 생각하고 있습니까 나를 죽일 /

당신이 그 이집트 사람을 죽인 것처럼 어제' 라고

모세는 이 말을 듣고 /

그는 미디안으로 도망쳤으며 /

거기서 그는 정착하고 이방 사람으로 / 아들 둘을 가졌습니다

Remember and write.

107 Acts 7:30-32

[개역개정] 사도행전 7:30-32

사십 년이 차매 천사가 시내 산 광야 가시나무 떨기 불꽃 가운데서 그에게 보이거늘 모세가 그 광경을 보고 놀랍게 여겨 알아보려고 가까이 가니 주의 소리가 있어 나는 네 조상의 하나님 즉 아브라함과 이삭과 야곱의 하나님이라 하신대 모세가 무서워 감히 바라보지 못하더라

Chunk by chunk! 궁금한 순서로 이해해 보세요.

사십 년이 지난 후에 /
"**After forty years** had **passed**, /

천사가 나타났습니다 모세에게 /
an **angel appeared** to **Moses** /

불길 속에서 불타는 떨기 나무의 /
in the **flames** of a **burning bush** /

사막에서 시나이 산 근처의
in the **desert near Mount Sinai**.

그가 이것을 봤을 때 /
When he **saw this**, /

그는 그 광경에 놀랐습니다
he was **amazed** at the **sight**.

그가 건너갈 때 / 자세히 들여다보기 위해 /
As he **went over** / to **get** a **closer look**, /

그는 들었습니다 주님께서 말씀하시는 것을
he **heard** the **Lord say**:

'나는 네 조상들의 그 하나님이다 /
'**I** am the **God** of your **fathers**, /

그 하나님 아브라함 이삭 그리고 야곱의' 라고
the **God** of **Abraham**, **Isaac** and **Jacob**.'

모세는 떨며 두려움에 / 감히 보지 못했습니다
Moses trembled with **fear** / and did **not dare** to **look**.

Read aloud and memorize!

궁금한 순서를 느끼면서, 박자에 맞춰 큰 소리로 읽고 암송해보세요. (붉은색으로 칠해진 단어는 강하고 길게 발음합니다.)

Words note! 확신이 없는 단어를 체크한 후 쓰면서 익히세요.

☐ **pass** [pæs] (시간이) 지나다, 경과하다

☐ **appear** [əpíər] 나타나다

☐ **flame** [fleim] (종종 flames) 불꽃, 화염

☐ **burning** [bə́:rniŋ] 불타는, 타고 있는

☐ **bush** [buʃ] 떨기나무, 관목

☐ **desert** [dézərt] 사막, 광야

☐ **be amazed at …** ~에 깜짝 놀라다

☐ **get a closer look at …** ~을 자세히 들여다보다

☐ **father** [fɑ́:ðər] (보통 one's fathers) (문어) 조상, 선조

☐ **tremble** [trémbl] (공포 등으로) 떨다

☐ **dare** [dɛər] 감히 ~하다

Quiet Time

Trace and write, chunk by chunk.

사십 년이 지난 후에 /

"After forty years had passed, /

천사가 나타났습니다 모세에게 /

an angel appeared to Moses /

불길 속에서 불타는 떨기 나무의 /

in the flames of a burning bush /

사막에서 시나이 산 근처의

in the desert near Mount Sinai.

그가 이것을 봤을 때 /

When he saw this, /

그는 그 광경에 놀랐습니다

he was amazed at the sight.

그가 건너갈 때 / 자세히 들여다보기 위해 /

As he went over / to get a closer look, /

그는 들었습니다 주님께서 말씀하시는 것을

he heard the Lord say:

'나는 네 조상들의 그 하나님이다 /

'I am the God of your fathers. /

그 하나님 아브라함 이삭 그리고 야곱의' 라고

the God of Abraham, Isaac and Jacob.'

모세는 떨며 두려움에 / 감히 보지 못했습니다

Moses trembled with fear / and did not dare to look.

Remember and write.

사십 년이 지난 후에 /

천사가 나타났습니다 모세에게 /

불길 속에서 불타는 떨기 나무의 /

사막에서 시나이 산 근처의

그가 이것을 봤을 때 /

그는 그 광경에 놀랐습니다

그가 건너갈 때 / 자세히 들여다보기 위해 /

그는 들었습니다 주님께서 말씀하시는 것을

'나는 네 조상들의 그 하나님이다 /

그 하나님 아브라함 이삭 그리고 야곱의' 라고

모세는 떨며 두려움에 / 감히 보지 못했습니다

Remember and write.

108 Acts 7:33-34

[개역개정] 사도행전 7:33-34

주께서 이르시되 네 발의 신을 벗으라 네가 서 있는 곳은 거룩한 땅이니라 내 백성이 애굽에서 괴로움 받음을 내가 확실히 보고 그 탄식하는 소리를 듣고 그들을 구원하려고 내려왔노니 이제 내가 너를 애굽으로 보내리라 하시니라

Chunk by chunk! 궁금한 순서로 이해해 보세요.

그 때 주님께서 그에게 말씀하셨습니다 /
"**Then** the **Lord said** to him, /

'네 샌들을 벗어라 /
'**Take off** your **sandals**, /

왜냐하면 장소가 / 네가 서 있는 / 거룩한 땅이기 때문이다
for the **place** / where you are **standing** / is **holy ground**.

나는 확실히 보았다 / 내 백성의 억압을 이집트에 있는
I have **indeed seen** / the **oppression** of my **people** in **Egypt**.

나는 들었다 그들의 탄식 소리를 /
I have **heard** their **groaning** /

그래서 내려왔다 / 그들을 놓아 주기 위해
and have **come down** / to **set** them **free**.

이제 오거라 / 내가 너를 다시 보내겠다 이집트로' 라고
Now come, / I will **send** you **back** to **Egypt**.'

Read aloud and memorize!

궁금한 순서를 느끼면서, 박자에 맞춰 큰 소리로 읽고 암송해보세요. (붉은색으로 칠해진 단어는 강하고 길게 발음합니다.)

Words note! 확신이 없는 단어를 체크한 후 쓰면서 익히세요.

- ☐ **take off …** (옷, 신발 등을) 벗다

- ☐ **stand** [stænd] 서다, 서 있다

- ☐ **holy** [hóuli] 거룩한

- ☐ **ground** [graund] 땅

- ☐ **oppression** [əpréʃən] 억압, 압제

- ☐ **hear** [hiər] ~를 듣다

- ☐ **groan** [groun] 신음하다, 탄식하다

- ☐ **set … free** ~를 놓아주다

- ☐ **send … back** ~를 다시 보내다, 파견하다

Trace and write, chunk by chunk.

그 때 주님께서 그에게 말씀하셨습니다 /

"Then the Lord said to him, /

'네 샌들을 벗어라 /

'Take off your sandals, /

왜냐하면 장소가 / 네가 서 있는 / 거룩한 땅이기 때문이다

for the place / where you are standing / is holy ground.

나는 확실히 보았다 / 내 백성의 억압을 이집트에 있는

I have indeed seen / the oppression of my people in Egypt.

나는 들었다 그들의 탄식 소리를 /

I have heard their groaning /

그래서 내려왔다 / 그들을 놓아 주기 위해

and have come down / to set them free.

이제 오거라 / 내가 너를 다시 보내겠다 이집트로' 라고

Now come, / I will send you back to Egypt.'

Remember and write.

그 때 주님께서 그에게 말씀하셨습니다 /

'네 샌들을 벗어라 /

왜냐하면 장소가 / 네가 서 있는 / 거룩한 땅이기 때문이다

나는 확실히 보았다 / 내 백성의 억압을 이집트에 있는

나는 들었다 그들의 탄식 소리를 /

그래서 내려왔다 / 그들을 놓아 주기 위해

이제 오거라 / 내가 너를 다시 보내겠다 이집트로' 라고

Remember and write.

109 Acts 7:35-36

[개역개정] 사도행전 7:35-36

그들의 말이 누가 너를 관리와 재판장으로 세웠느냐 하며 거절하던 그 모세를 하나님은 가시나무 떨기 가운데서 보이던 천사의 손으로 관리와 속량하는 자로서 보내셨으니 이 사람이 백성을 인도하여 나오게 하고 애굽과 홍해와 광야에서 사십 년간 기사와 표적을 행하였느니라

Chunk by chunk! 궁금한 순서로 이해해 보세요.

이 사람이 바로 그 모세입니다 /
"**This** is the **same Moses** /

그들이 거절했던 말로 /
they had **rejected** with the **words**, /

'누가 당신을 만들었습니까 통치자와 재판장으로' 라고
'**Who made** you **ruler** and **judge**?'

그는 보내졌습니다 /
He was **sent** /

그들의 통치자이자 구출자가 되게 하기 위해서 / 하나님 자신에 의해서 /
to be their **ruler** and **deliverer** / by **God himself**, /

그 천사를 통해서 / 그에게 나타났던 / 떨기 나무 속에서
through the **angel** / who **appeared** to him / in the **bush**.

그는 그들을 이끌어 내고 이집트 밖으로 /
He **led** them **out** of **Egypt** /

행했습니다 놀라운 일들과 표적들을 /
and **performed wonders** and **signs** /

이집트에서 / 홍해에서 /
in **Egypt**, / at the **Red Sea** /

그리고 사십 년동안 광야에서
and for **forty years** in the **wilderness**.

Read aloud and memorize!

궁금한 순서를 느끼면서, 박자에 맞춰 큰 소리로 읽고 암송해보세요. (붉은색으로 칠해진 단어는 강하고 길게 발음합니다.)

Words note! 확신이 없는 단어를 체크한 후 쓰면서 익히세요.

☐ **same** [seim] 동일한 ~, 바로 그 ~

☐ **reject** [ridʒékt] ~을 거절하다, 버리다

☐ **ruler** [rú:lər] 통치자, 지배자

☐ **judge** [dʒʌdʒ] 재판관, 재판장

☐ **deliverer** [dilívərər] 인도자, 구조자, 구출자

☐ **appear** [əpíər] 나타나다

☐ **lead … out of …** ~를 ~로부터 인도하다, ~를 ~에서 이끌어내다

☐ **perform** [pərfɔ́:rm] ~을 행하다, 수행하다

☐ **wilderness** [wíldərnis] 황야, 광야

Quiet Time

Trace and write, chunk by chunk.

이 사람이 바로 그 모세입니다 /

"This is the same Moses /

그들이 거절했던 말로 /

they had rejected with the words, /

'누가 당신을 만들었습니까 통치자와 재판장으로' 라고

'Who made you ruler and judge?'

그는 보내졌습니다 /

He was sent /

그들의 통치자이자 구출자가 되게 하기 위해서 / 하나님 자신에 의해서 /

to be their ruler and deliverer / by God himself, /

그 천사를 통해서 / 그에게 나타났던 / 떨기 나무 속에서 /

through the angel / who appeared to him / in the bush.

그는 그들을 이끌어 내고 이집트 밖으로

He led them out of Egypt /

행했습니다 놀라운 일들과 표적들을 /

and performed wonders and signs /

이집트에서 / 홍해에서 /

in Egypt, / at the Red Sea /

그리고 사십 년동안 광야에서

and for forty years in the wilderness.

Remember and write.

이 사람이 바로 그 모세입니다 /

그들이 거절했던 말로 /

'누가 당신을 만들었습니까 통치자와 재판장으로' 라고

그는 보내졌습니다 /

그들의 통치자이자 구출자가 되게 하기 위해서 / 하나님 자신에 의해서 /

그 천사를 통해서 / 그에게 나타났던 / 떨기 나무 속에서 /

그는 그들을 이끌어 내고 이집트 밖으로

행했습니다 놀라운 일들과 표적들을 /

이집트에서 / 홍해에서 /

그리고 사십 년동안 광야에서

Remember and write.

110 Acts 7:37-38

[개역개정] 사도행전 7:37-38

이스라엘 자손에 대하여 하나님이 너희 형제 가운데서 나와 같은 선지자를 세우리라 하던 자가 곧 이 모세라 시내 산에서 말하던 그 천사와 우리 조상들과 함께 광야 교회에 있었고 또 살아 있는 말씀을 받아 우리에게 주던 자가 이 사람이라

Chunk by chunk! 궁금한 순서로 이해해 보세요.

이 사람이 그 모세입니다 / 이스라엘 사람들에게 말한 /

"**This** is the **Moses** / who **told** the **Israelites**, /

'하나님께서 일으키실 것입니다 여러분을 위해 /

'**God** will **raise up** for you /

나와 같은 예언자를 / 여러분 동족 가운데서' 라고

a **prophet** like me / from your **own people**.'

그는 있었습니다 광야의 집회에 /

He was in the **assembly** in the **wilderness**, /

그 천사와 함께 / 그에게 말한 / 시나이 산에서 /

with the **angel** / who **spoke** to him / on **Mount Sinai**, /

그리고 우리 조상들과 함께 /

and with our **ancestors**; /

그리고 그는 살아 있는 말씀을 받았습니다 / 우리에게 전달하기 위해서

and he **received living words** / to **pass on** to us.

Read aloud and memorize!

궁금한 순서를 느끼면서, 박자에 맞춰 큰 소리로 읽고 암송해보세요. (붉은색으로 칠해진 단어는 강하고 길게 발음합니다.)

Words note! 확신이 없는 단어를 체크한 후 쓰면서 익히세요.

- ☐ **raise up …** ~을 일으키다
- ☐ **prophet** [prάfit] 예언자, 선지자
- ☐ **assembly** [əsémbli] 회의, 집회
- ☐ **wilderness** [wíldərnis] 황야, 광야
- ☐ **speak** [spi:k] 말하다
- ☐ **ancestor** [ǽnsestər] 조상, 선조
- ☐ **receive** [risí:v] ~을 받다
- ☐ **living** [líviŋ] 살아있는
- ☐ **pass on to …** ~에게 전달하다

Trace and write, chunk by chunk.

이 사람이 그 모세입니다 / 이스라엘 사람들에게 말한 /

"This is the Moses / who told the Israelites, /

'하나님께서 일으키실 것입니다 여러분을 위해 /

'God will raise up for you /

나와 같은 예언자를 / 여러분 동족 가운데서' 라고

a prophet like me / from your own people.'

그는 있었습니다 광야의 집회에 /

He was in the assembly in the wilderness, /

그 천사와 함께 / 그에게 말한 / 시나이 산에서 /

with the angel / who spoke to him / on Mount Sinai, /

그리고 우리 조상들과 함께 /

and with our ancestors; /

그리고 그는 살아 있는 말씀을 받았습니다 / 우리에게 전달하기 위해서

and he received living words / to pass on to us.

Remember and write.

이 사람이 그 모세입니다 / 이스라엘 사람들에게 말한 /

'하나님께서 일으키실 것입니다 여러분을 위해 /

나와 같은 예언자를 / 여러분 동족 가운데서' 라고

그는 있었습니다 광야의 집회에 /

그 천사와 함께 / 그에게 말한 / 시나이 산에서 /

그리고 우리 조상들과 함께 /

그리고 그는 살아 있는 말씀을 받았습니다 / 우리에게 전달하기 위해서

Remember and write.

111 Acts 7:39-40

[개역개정] 사도행전 7:39-40

우리 조상들이 모세에게 복종하지 아니하고자 하여 거절하며 그 마음이 도리어 애굽으로 향하여 아론더러 이르되 우리를 인도할 신들을 우리를 위하여 만들라 애굽 땅에서 우리를 인도하던 이 모세는 어떻게 되었는지 알지 못하노라 하고

Chunk by chunk! 궁금한 순서로 이해해 보세요.

그러나 우리 조상들은 거부했습니다 / 그에게 복종하기를

"But our **ancestors refused** / to **obey** him.

대신 / 그들은 그를 거절했습니다 /

Instead, / they **rejected** him /

그리고 그들의 마음속으로 / 다시 돌아갔습니다 이집트로

and in their **hearts** / **turned back** to **Egypt**.

그들은 아론에게 말했습니다 /

They **told Aaron**, /

'우리에게 신들을 만들어 주십시오 / 우리 앞에 갈

'**Make** us **gods** / who will **go before** us.

그리고 이 사람 모세에 관해서는 / 우리를 이끌어 내었던 이집트 밖으로 /

As for **this fellow Moses** / who **led** us **out** of **Egypt** — /

우리는 알지 못합니다 / 무슨 일이 일어났는지 그에게' 라고

we **don't know** / **what** has **happened** to him!'

Read aloud and memorize!

궁금한 순서를 느끼면서, 박자에 맞춰 큰 소리로 읽고 암송해보세요. (붉은색으로 칠해진 단어는 강하고 길게 발음합니다.)

Words note! 확신이 없는 단어를 체크한 후 쓰면서 익히세요.

- ☐ **ancestor** [ǽnsestər] 조상, 선조
- ☐ **refuse** [rifjú:z] ~하기를 거부하다
- ☐ **obey** [oubéi] 복종하다, 따르다
- ☐ **reject** [ridʒékt] ~을 거절하다, 버리다
- ☐ **turn back to ···** ~로 되돌아가다
- ☐ **god** [gad] 신
- ☐ **fellow** [félou] (일반적으로) 사람
- ☐ **lead ··· out of ···** ~를 ~로부터 인도하다, ~를 ~에서 이끌어 내다
- ☐ **happen** [hǽpən] ~에게 일어나다, 생기다

Trace and write, chunk by chunk.

그러나 우리 조상들은 거부했습니다 / 그에게 복종하기를

"But our ancestors refused / to obey him.

대신 / 그들은 그를 거절했습니다 /

Instead, / they rejected him /

그리고 그들의 마음속으로 / 다시 돌아갔습니다 이집트로

and in their hearts / turned back to Egypt.

그들은 아론에게 말했습니다 /

They told Aaron, /

‘우리에게 신들을 만들어 주십시오 / 우리 앞에 갈

‘Make us gods / who will go before us.

그리고 이 사람 모세에 관해서는 / 우리를 이끌어 내었던 이집트 밖으로 /

As for this fellow Moses / who led us out of Egypt — /

우리는 알지 못합니다 / 무슨 일이 일어났는지 그에게’ 라고

we don’t know / what has happened to him!’

Remember and write.

그러나 우리 조상들은 거부했습니다 / 그에게 복종하기를

대신 / 그들은 그를 거절했습니다 /

그리고 그들의 마음속으로 / 다시 돌아갔습니다 이집트로

그들은 아론에게 말했습니다 /

'우리에게 신들을 만들어 주십시오 / 우리 앞에 갈

그리고 이 사람 모세에 관해서는 / 우리를 이끌어 내었던 이집트 밖으로 /

우리는 알지 못합니다 / 무슨 일이 일어났는지 그에게' 라고

Remember and write.

112 Acts 7:41-42A

[개역개정] 사도행전 7:41-42A

그 때에 그들이 송아지를 만들어 그 우상 앞에 제사하며 자기 손으로 만든 것을 기뻐하더니 하나님이 외면하사 그들을 그 하늘의 군대 섬기는 일에 버려 두셨으니

Chunk by chunk! 궁금한 순서로 이해해 보세요.

그 때였습니다 /
That was the **time** /

그들이 우상을 만든 것은 / 송아지의 형상의
they **made** an **idol** / in the **form** of a **calf**.

그들은 희생물들을 바쳤으며 그것에게 /
They **brought sacrifices** to it /

매우 기뻐했습니다 그들 자신의 손들로 만든 것을
and **reveled** in **what** their **own hands** had **made**.

그래서 하나님께서는 돌아서서 그들에게서 /
But **God turned away** from them /

그들을 넘기셨습니다 / 태양 달 그리고 별들의 숭배에
and **gave** them **over** / to the **worship** of the **sun**, **moon** and **stars**.

Read aloud and memorize!

궁금한 순서를 느끼면서, 박자에 맞춰 큰 소리로 읽고 암송해보세요. (붉은색으로 칠해진 단어는 강하고 길게 발음합니다.)

Words note! 확신이 없는 단어를 체크한 후 쓰면서 익히세요.

- ☐ **make** [meik] ~을 만들다, 제작하다
- ☐ **idol** [áidl] 우상
- ☐ **form** [fɔ:rm] 모양, 형상
- ☐ **calf** [kæf] 송아지
- ☐ **sacrifice** [sǽkrəfàis] 희생물, 산 제물
- ☐ **revel in …** ~을 매우 기뻐하다, 즐기다
- ☐ **hand** [hænd] (사람의) 손
- ☐ **turn away from …** ~에서 돌아서다
- ☐ **give … over to …** ~을 ~에 넘기다
- ☐ **worship** [wə́:rʃip] 숭배

Trace and write, chunk by chunk.

그 때였습니다 /

That was the time /

그들이 우상을 만든 것은 / 송아지의 형상의

they made an idol / in the form of a calf.

그들은 희생물들을 바쳤으며 그것에게 /

They brought sacrifices to it /

매우 기뻐했습니다 그들 자신의 손들로 만든 것을

and reveled in what their own hands had made.

그래서 하나님께서는 돌아서서 그들에게서 /

But God turned away from them /

그들을 넘기셨습니다 / 태양 달 그리고 별들의 숭배에

and gave them over / to the worship of the sun, moon and stars.

Remember and write.

그 때였습니다 /

그들이 우상을 만든 것은 / 송아지의 형상의

그들은 희생물들을 바쳤으며 그것에게 /

매우 기뻐했습니다 그들 자신의 손들로 만든 것을

그래서 하나님께서는 돌아서서 그들에게서 /

그들을 넘기셨습니다 / 태양 달 그리고 별들의 숭배에

Remember and write.

113 Acts 7:42B-43

[개역개정] 사도행전 7:42B-43

이는 선지자의 책에 기록된 바 이스라엘의 집이여 너희가 광야에서 사십 년간 희생과 제물을 내게 드린 일이 있었느냐 몰록의 장막과 신 레판의 별을 받들었음이여 이것은 너희가 절하고자 하여 만든 형상이로다 내가 너희를 바벨론 밖으로 옮기리라 함과 같으니라

Chunk by chunk! 궁금한 순서로 이해해 보세요.

이것은 일치합니다 기록된 것과 / 예언자들의 책에

This agrees with **what** is **written** / in the **book** of the **prophets**:

'너희가 내게 바쳤느냐 희생물들과 제물들을 /

'Did you **bring** me **sacrifices** and **offerings** /

사십 년 동안 광야에서 / 이스라엘 백성들아

forty years in the **wilderness**, / **people** of **Israel**?

너희는 받들었다 몰록의 장막을 /

You have **taken up** the **tabernacle** of **Molek** /

그리고 너희 신 레판의 별을 /

and the **star** of your **god Rephan**, /

곧 우상들을 / 너희가 만든 숭배하려고

the **idols** / you **made** to **worship**.

그러므로 / 나는 너희를 추방할 것이다' 라고 / 바벨론 넘어

Therefore / I will **send** you **into exile**' / **beyond Babylon**.

Read aloud and memorize!

궁금한 순서를 느끼면서, 박자에 맞춰 큰 소리로 읽고 암송해보세요. (붉은색으로 칠해진 단어는 강하고 길게 발음합니다.)

Words note! 확신이 없는 단어를 체크한 후 쓰면서 익히세요.

- ☐ **agree with …** ~와 일치하다
- ☐ **sacrifice** [sǽkrəfàis] 희생물, 산 제물
- ☐ **offering** [ɔ́:fəriŋ] 공물, 제물
- ☐ **take up …** ~을 들고 다니다; ~을 받들다
- ☐ **tabernacle** [tǽbə:rnækl] 장막, 성막
- ☐ **god** [gad] 신
- ☐ **idol** [áidl] 우상
- ☐ **worship** [wə́:rʃip] 숭배하다
- ☐ **send … into exile** ~을 국외로 추방하다

Trace and write, chunk by chunk.

이것은 일치합니다 기록된 것과 / 예언자들의 책에

This agrees with what is written / in the book of the prophets:

'너희가 내게 바쳤느냐 희생물들과 제물들을 /

'Did you bring me sacrifices and offerings /

사십 년 동안 광야에서 / 이스라엘 백성들아

forty years in the wilderness, / people of Israel?

너희는 받들었다 몰록의 장막을 /

You have taken up the tabernacle of Molek /

그리고 너희 신 레판의 별을 /

and the star of your god Rephan. /

곧 우상들을 / 너희가 만든 숭배하려고

the idols / you made to worship.

그러므로 / 나는 너희를 추방할 것이다' 라고 / 바벨론 넘어

Therefore / I will send you into exile' / beyond Babylon.

Remember and write.

이것은 일치합니다 기록된 것과 / 예언자들의 책에

'너희가 내게 바쳤느냐 희생물들과 제물들을 /

사십 년 동안 광야에서 / 이스라엘 백성들아

너희는 받들었다 몰록의 장막을 /

그리고 너희 신 레판의 별을 /

곧 우상들을 / 너희가 만든 숭배하려고

그러므로 / 나는 너희를 추방할 것이다' 라고 / 바벨론 넘어

Remember and write.

114 Acts 7:44-45A

[개역개정] 사도행전 7:44-45A

광야에서 우리 조상들에게 증거의 장막이 있었으니 이것은 모세에게 말씀하신 이가 명하사 그가 본 그 양식대로 만들게 하신 것이라 우리 조상들이 그것을 받아 하나님이 그들 앞에서 쫓아내신 이방인의 땅을 점령할 때에 여호수아와 함께 가지고 들어가서

Chunk by chunk! 궁금한 순서로 이해해 보세요.

우리 조상들은 / 증거의 장막이 있었습니다 그들과 함께 /

"Our **ancestors** / had the **tabernacle** of the **covenant law** with them /

광야에서

in the **wilderness**.

그것은 만들어졌습니다 / 하나님께서 모세에게 명령하신 대로 /

It had been **made** / as **God directed Moses**, /

그 양식에 따라 / 그가 본

according to the **pattern** / he had **seen**.

그 장막을 받은 후에 /

After receiving the **tabernacle**, /

우리 조상들은 여호수아 하에 있는 / 그것을 가지고 갔습니다 그들과 함께 /

our **ancestors under Joshua** / **brought** it with them /

그들이 땅을 가져갔을 때 민족들로부터 /

when they **took** the **land** from the **nations** /

하나님께서 쫓아내신 그들 앞에서

God drove out before them.

Read aloud and memorize!

궁금한 순서를 느끼면서, 박자에 맞춰 큰 소리로 읽고 암송해보세요. (붉은색으로 칠해진 단어는 강하고 길게 발음합니다.)

Words note! 확신이 없는 단어를 체크한 후 쓰면서 익히세요.

- ☐ **ancestor** [ǽnsestər] 조상, 선조
- ☐ **tabernacle** [tǽbə:rnækl] 장막, 성막
- ☐ **covenant** [kʌvənənt] 계약, 언약
- ☐ **wilderness** [wíldərnis] 황야, 광야
- ☐ **direct** [dirékt, dai-] ~에게 명령하다
- ☐ **according to …** ~에 따라
- ☐ **under** [ʌndər] ~아래, ~하에
- ☐ **take** [teik] ~에서 가져가다, 빼앗다
- ☐ **nation** [néiʃən] 민족, 종족
- ☐ **drive … out** ~을 밖으로 몰아내다, 쫓아내다

Trace and write, chunk by chunk.

우리 조상들은 / 증거의 장막이 있었습니다 그들과 함께 /

"Our ancestors / had the tabernacle of the covenant law with them /

광야에서

in the wilderness.

그것은 만들어졌습니다 / 하나님께서 모세에게 명령하신 대로 /

It had been made / as God directed Moses, /

그 양식에 따라 / 그가 본

according to the pattern / he had seen.

그 장막을 받은 후에 /

After receiving the tabernacle, /

우리 조상들은 여호수아 하에 있는 / 그것을 가지고 갔습니다 그들과 함께 /

our ancestors under Joshua / brought it with them /

그들이 땅을 가져갔을 때 민족들로부터 /

when they took the land from the nations /

하나님께서 쫓아내신 그들 앞에서

God drove out before them.

Remember and write.

우리 조상들은 / 증거의 장막이 있었습니다 그들과 함께 /

광야에서

그것은 만들어졌습니다 / 하나님께서 모세에게 명령하신 대로 /

그 양식에 따라 / 그가 본

그 장막을 받은 후에 /

우리 조상들은 여호수아 하에 있는 / 그것을 가지고 갔습니다 그들과 함께 /

그들이 땅을 가져갔을 때 민족들로부터 /

하나님께서 쫓아내신 그들 앞에서

Remember and write.

115 Acts 7:45B-47

[개역개정] 사도행전 7:45B-47

다윗 때까지 이르니라 다윗이 하나님 앞에서 은혜를 받아 야곱의 집을 위하여 하나님의 처소를 준비하게 하여 달라고 하더니 솔로몬이 그를 위하여 집을 지었느니라

Chunk by chunk! 궁금한 순서로 이해해 보세요.

그것은 남아 있었습니다 그 땅에 /
It **remained** in the **land** /

다윗의 시대까지 /
until the **time** of **David**, /

그는 하나님의 호의를 누렸으며 /
who **enjoyed God's favor** /

간청했습니다 /
and **asked** /

그가 거처를 준비하게 해달라고 / 야곱의 그 하나님을 위해
that he might **provide** a **dwelling place** / for the **God** of **Jacob**.

그러나 솔로몬이었습니다 /
But it was **Solomon** /

집을 지은 것은 그분을 위해
who **built** a **house** for him.

Read aloud and memorize!

궁금한 순서를 느끼면서, 박자에 맞춰 큰 소리로 읽고 암송해보세요. (붉은색으로 칠해진 단어는 강하고 길게 발음합니다.)

Words note! 확신이 없는 단어를 체크한 후 쓰면서 익히세요.

- ☐ **remain** [riméin] 여전히 있다; 남아 있다
- ☐ **time** [taim] (역사상의) 시대, 시기
- ☐ **enjoy** [indʒɔ́i] ~을 즐기다, 누리다
- ☐ **favor** [féivər] 호의
- ☐ **ask** [æsk] 부탁하다, 간청하다
- ☐ **provide** [prəváid] ~을 준비하다, 대비하다
- ☐ **dwelling place** 거처, 처소
- ☐ **build** [bild] ~을 짓다, 세우다
- ☐ **house** [haus] 집, 주택

Trace and write, chunk by chunk.

그것은 남아 있었습니다 그 땅에 /

It remained in the land /

다윗의 시대까지 /

until the time of David. /

그는 하나님의 호의를 누렸으며 /

who enjoyed God's favor /

간청했습니다 /

and asked /

그가 거처를 준비하게 해달라고 / 야곱의 그 하나님을 위해

that he might provide a dwelling place / for the God of Jacob.

그러나 솔로몬이었습니다 /

But it was Solomon /

집을 지은 것은 그분을 위해

who built a house for him.

Remember and write.

그것은 남아 있었습니다 그 땅에 /

다윗의 시대까지 /

그는 하나님의 호의를 누렸으며 /

간청했습니다 /

그가 거처를 준비하게 해달라고 / 야곱의 그 하나님을 위해

그러나 솔로몬이었습니다 /

집을 지은 것은 그분을 위해

Remember and write.

116 Acts 7:48-50

[개역개정] 사도행전 7:48-50

그러나 지극히 높으신 이는 손으로 지은 곳에 계시지 아니하시나니 선지자가 말한 바 주께서 이르시되 하늘은 나의 보좌요 땅은 나의 발등상이니 너희가 나를 위하여 무슨 집을 짓겠으며 나의 안식할 처소가 어디냐 이 모든 것이 다 내 손으로 지은 것이 아니냐 함과 같으니라

Chunk by chunk! 궁금한 순서로 이해해 보세요.

그러나 / 가장 높으신 분은 거하지 않으십니다 집에 /

"**However**, / the **Most High** does **not live** in **houses** /

사람의 손에 의해 만들어진

made by **human hands**.

예언자가 말한 대로입니다

As the **prophet says**:

'하늘은 나의 왕좌이다 /

"'**Heaven** is my **throne**, /

그리고 땅은 나의 발등상이다

and the **earth** is my **footstool**.

어떤 종류의 집을 / 너희가 지을 것이냐 나를 위해 / 주님께서 말씀하셨습니다

What kind of **house** / will you **build** for me? / **says** the **Lord**.

혹은 어디에 나의 쉴 장소가 있겠느냐

Or **where** will my **resting place** be?

내 손이 만들지 않았느냐 이 모든 것을' 라고

Has **not** my **hand made all these things**?'

Read aloud and memorize!

궁금한 순서를 느끼면서, 박자에 맞춰 큰 소리로 읽고 암송해보세요. (붉은색으로 칠해진 단어는 강하고 길게 발음합니다.)

Words note! 확신이 없는 단어를 체크한 후 쓰면서 익히세요.

- ☐ **live** [liv] 살다, 살고 있다
- ☐ **hand** [hænd] (사람의) 손
- ☐ **prophet** [prάfit] 예언자, 선지자
- ☐ **heaven** [hévən] 하늘
- ☐ **throne** [θroun] 옥좌, 왕좌
- ☐ **earth** [ə:rθ] 땅, 대지
- ☐ **footstool** [futstu:l] 발판, 발등상
- ☐ **build** [bild] ~을 짓다, 세우다
- ☐ **resting place** 쉴 장소, 안식할 처소

Trace and write, chunk by chunk.

그러나 / 가장 높으신 분은 거하지 않으십니다 집에 /

"However, / the Most High does not live in houses /

사람의 손에 의해 만들어진

made by human hands.

예언자가 말한 대로입니다

As the prophet says:

'하늘은 나의 왕좌이다 /

"'Heaven is my throne, /

그리고 땅은 나의 발등상이다

and the earth is my footstool.

어떤 종류의 집을 / 너희가 지을 것이냐 나를 위해 / 주님께서 말씀하셨습니다

What kind of house / will you build for me? / says the Lord.

혹은 어디에 나의 쉴 장소가 있겠느냐

Or where will my resting place be?

내 손이 만들지 않았느냐 이 모든 것을' 라고

Has not my hand made all these things?'

Remember and write.

그러나 / 가장 높으신 분은 거하지 않으십니다 집에 /

사람의 손에 의해 만들어진

예언자가 말한 대로입니다

'하늘은 나의 왕좌이다 /

그리고 땅은 나의 발등상이다

어떤 종류의 집을 / 너희가 지을 것이냐 나를 위해 / 주님께서 말씀하셨습니다

혹은 어디에 나의 쉴 장소가 있겠느냐

내 손이 만들지 않았느냐 이 모든 것을' 라고

Remember and write.

117 Acts 7:51-52A

[개역개정] 사도행전 7:51-52A

목이 곧고 마음과 귀에 할례를 받지 못한 사람들아 너희도 너희 조상과 같이 항상 성령을 거스르는도다 너희 조상들이 선지자들 중의 누구를 박해하지 아니하였느냐

Chunk by chunk! 궁금한 순서로 이해해 보세요.

목이 곧은 사람들이여

"You **stiff-necked people**!

여러분의 마음들과 귀들은 여전히 할례를 받지 않았습니다

Your **hearts** and **ears** are **still uncircumcised**.

여러분은 여러분의 조상들과 같습니다

You are **just** like your **ancestors**:

여러분은 항상 성령을 거역합니다

You **always resist** the **Holy Spirit**!

예언자라도 있었습니까 /

Was there **ever** a **prophet** /

여러분의 조상들이 박해하지 않은

your **ancestors** did **not persecute**?

Read aloud and memorize!

궁금한 순서를 느끼면서, 박자에 맞춰 큰 소리로 읽고 암송해보세요. (붉은색으로 칠해진 단어는 강하고 길게 발음합니다.)

Words note! 확신이 없는 단어를 체크한 후 쓰면서 익히세요.

- ☐ **stiff-necked** [stifnekt] 목이 뻣뻣해진, 곧은
- ☐ **still** [stil] 여전히
- ☐ **uncircumcised** [ʌnsə́:rkəmsàizd] 할례를 받지 않은
- ☐ **ancestor** [ǽnsestər] 조상, 선조
- ☐ **resist** [rizíst] ~을 거역하다, 거스르다
- ☐ **prophet** [prɑ́fit] 예언자, 선지자
- ☐ **persecute** [pə́:rsikjù:t] 박해하다, 압박하다

Quiet Time

Trace and write, chunk by chunk.

목이 곧은 사람들이여

"You stiff-necked people!

여러분의 마음들과 귀들은 여전히 할례를 받지 않았습니다

Your hearts and ears are still uncircumcised.

여러분은 여러분의 조상들과 같습니다

You are just like your ancestors:

여러분은 항상 성령을 거역합니다

You always resist the Holy Spirit!

예언자라도 있었습니까 /

Was there ever a prophet /

여러분의 조상들이 박해하지 않은

your ancestors did not persecute?

Remember and write.

목이 곧은 사람들이여

여러분의 마음들과 귀들은 여전히 할례를 받지 않았습니다

여러분은 여러분의 조상들과 같습니다

여러분은 항상 성령을 거역합니다

예언자라도 있었습니까 /

여러분의 조상들이 박해하지 않은

Remember and write.

118 Acts 7:52B-53

[개역개정] 사도행전 7:52B-53

의인이 오시리라 예고한 자들을 그들이 죽였고 이제 너희는 그 의인을 잡아 준 자요 살인한 자가 되나니 너희는 천사가 전한 율법을 받고도 지키지 아니하였도다 하니라

Chunk by chunk! 궁금한 순서로 이해해 보세요.

그들은 심지어 사람들을 죽였습니다 /

They **even killed those** /

예측한 의로우신 분의 오심을

who **predicted** the **coming** of the **Righteous One**.

그리고 이제 여러분이 배반하고 살해했습니다 그 분을 /

And **now** you have **betrayed** and **murdered** him — /

여러분입니다 / 율법을 받았지만 /

you / who have **received** the **law** /

주어진 천사들을 통해서 /

that was **given through angels** /

그것을 지키지 않은 것은

but have **not obeyed** it."

Read aloud and memorize!

궁금한 순서를 느끼면서, 박자에 맞춰 큰 소리로 읽고 암송해보세요. (붉은색으로 칠해진 단어는 강하고 길게 발음합니다.)

Words note! 확신이 없는 단어를 체크한 후 쓰면서 익히세요.

- ☐ **even** [í:vən] 심지어
- ☐ **kill** [kil] ~을 죽이다, 살해하다
- ☐ **predict** [pridíkt] ~을 예언하다, 예측하다
- ☐ **betray** [bitréi] ~을 배신하다, 배반하다
- ☐ **murder** [mə́:rdər] ~을 죽이다, 살해하다
- ☐ **receive** [risí:v] ~을 받다
- ☐ **law** [lɔ:] 법; 율법
- ☐ **give** [giv] ~을 주다
- ☐ **obey** [oubéi] ~을 따르다, 지키다

Trace and write, chunk by chunk.

그들은 심지어 사람들을 죽였습니다 /

They even killed those /

예측한 의로우신 분의 오심을

who predicted the coming of the Righteous One.

그리고 이제 여러분이 배반하고 살해했습니다 그분을 /

And now you have betrayed and murdered him — /

여러분입니다 / 율법을 받았지만 /

you / who have received the law /

주어진 천사들을 통해서 /

that was given through angels /

그것을 지키지 않은 것은

but have not obeyed it."

Remember and write.

그들은 심지어 사람들을 죽였습니다 /

예측한 의로우신 분의 오심을

그리고 이제 여러분이 배반하고 살해했습니다 그분을 /

여러분입니다 / 율법을 받았지만 /

주어진 천사들을 통해서 /

그것을 지키지 않은 것은

Remember and write.

이어서 말해보기 16

Acts 7:1-53

Let's read with stress and rhythm!

궁금한 순서에 따라, 강세와 박자에 맞춰, 큰 소리로 읽어 보세요. (그러면 영어가 뚫립니다.)
붉은색으로 칠해진 단어는 강하고 길게 발음합니다.

Stephen's Speech to the Sanhedrin

1 **Then** the **high priest asked Stephen**,
"Are **these charges true**?"
2 To **this** he **replied**:
"**Brothers** and **fathers**, **listen** to me!
The **God** of **glory appeared** to our **father Abraham**
while he was **still** in **Mesopotamia**,
before he **lived** in **Harran**.
3 '**Leave** your **country** and your **people**,' **God said**,
'and **go** to the **land** I will **show** you.'
4 "So he **left** the **land** of the **Chaldeans**
and **settled** in **Harran**.
After the **death** of his **father**,

God sent him to this land where you are now living.

5 He gave him no inheritance here,

not even enough ground to set his foot on.

But God promised him

that he and his descendants after him

would possess the land,

even though at that time Abraham had no child.

6 God spoke to him in this way:

'For four hundred years

your descendants will be strangers

in a country not their own,

and they will be enslaved and mistreated.

7 But I will punish the nation

they serve as slaves,' God said,

'and afterward they will come out of that country

and worship me in this place.'

8 Then he gave Abraham the covenant of circumcision.

And Abraham became the father of Isaac

and circumcised him eight days after his birth.

Later Isaac became the father of Jacob,

and Jacob became the father of the twelve patriarchs.

9 "Because the patriarchs were jealous of Joseph,

they sold him as a slave into Egypt.

But God was with him
10 and rescued him from all his troubles.
He gave Joseph wisdom
and enabled him to gain the goodwill of Pharaoh king of Egypt.
So Pharaoh made him ruler over Egypt and all his palace.
11 "Then a famine struck all Egypt and Canaan,
bringing great suffering,
and our ancestors could not find food.
12 When Jacob heard that there was grain in Egypt,
he sent our forefathers on their first visit.
13 On their second visit,
Joseph told his brothers who he was,
and Pharaoh learned about Joseph's family.
14 After this,
Joseph sent for his father Jacob and his whole family,
seventy-five in all.
15 Then Jacob went down to Egypt,
where he and our ancestors died.
16 Their bodies were brought back to Shechem
and placed in the tomb
that Abraham had bought from the sons of Hamor at Shechem
for a certain sum of money.
17 "As the time drew near

for **God** to **fulfill** his **promise** to **Abraham**,

the **number** of our **people** in **Egypt** had **greatly increased**.

18 **Then** 'a **new king**, to **whom Joseph meant nothing**,

came to **power** in **Egypt**.'

19 He **dealt treacherously** with our **people**

and **oppressed** our **ancestors**

by **forcing** them to **throw out** their **newborn babies**

so that they would **die**.

20 "At **that time Moses** was **born**,

and he was **no ordinary child**.

For **three months** he was **cared for** by his **family**.

21 When he was **placed outside**,

Pharaoh's daughter took him

and **brought** him **up** as her **own son**.

22 **Moses** was **educated** in **all** the **wisdom** of the **Egyptians**

and was **powerful** in **speech** and **action**.

23 "When **Moses** was **forty years old**,

he **decided** to **visit** his **own people**, the **Israelites**.

24 He **saw one** of them being **mistreated** by an **Egyptian**,

so he **went** to his **defense**

and **avenged** him by **killing** the **Egyptian**.

25 **Moses thought**

that his **own people** would **realize**

that **God** was **using** him to **rescue** them,
but they did **not**.
26 The **next day Moses came upon two Israelites**
who were **fighting**.
He **tried** to **reconcile** them by **saying**,
'**Men**, you are **brothers**;
why do you **want** to **hurt each other**?'
27 "But the **man** who was **mistreating** the **other**
pushed Moses aside and **said**,
'**Who made** you **ruler** and **judge over** us?
28 Are you **thinking** of **killing** me
as you **killed** the **Egyptian yesterday**?'
29 When **Moses heard this**,
he **fled** to **Midian**,
where he **settled** as a **foreigner** and **had two sons**.
30 "**After forty years** had **passed**,
an **angel appeared** to **Moses**
in the **flames** of a **burning bush**
in the **desert near Mount Sinai**.
31 When he **saw this**,
he was **amazed** at the **sight**.
As he **went over** to **get** a **closer look**,
he **heard** the **Lord say**:

32 'I am the God of your fathers,

the God of Abraham, Isaac and Jacob.'

Moses trembled with fear and did not dare to look.

33 "Then the Lord said to him,

'Take off your sandals,

for the place where you are standing is holy ground.

34 I have indeed seen the oppression of my people in Egypt.

I have heard their groaning

and have come down to set them free.

Now come, I will send you back to Egypt.'

35 "This is the same Moses

they had rejected with the words,

'Who made you ruler and judge?'

He was sent to be their ruler and deliverer by God himself,

through the angel who appeared to him in the bush.

36 He led them out of Egypt

and performed wonders and signs

in Egypt, at the Red Sea

and for forty years in the wilderness.

37 "This is the Moses who told the Israelites,

'God will raise up for you

a prophet like me from your own people.'

38 He was in the assembly in the wilderness,

with the **angel** who **spoke** to him on **Mount Sinai**,
and with our **ancestors**;
and he **received living words** to **pass on** to us.
39 "But our **ancestors refused** to **obey** him.
Instead, they **rejected** him
and in their **hearts turned back** to **Egypt**.
40 They **told Aaron**,
'**Make** us **gods** who will **go before** us.
As for **this fellow Moses** who **led** us **out** of **Egypt** —
we **don't know what** has **happened** to him!'
41 **That** was the **time**
they **made** an **idol** in the **form** of a **calf**.
They **brought sacrifices** to it
and **reveled** in **what** their **own hands** had **made**.
42 But **God turned away** from them
and **gave** them **over** to the **worship** of the **sun**, **moon** and **stars**.
This agrees with **what** is **written** in the **book** of the **prophets**:
"'Did you **bring** me **sacrifices** and **offerings**
forty years in the **wilderness**, **people** of **Israel**?
43 You have **taken up** the **tabernacle** of **Molek**
and the **star** of your **god Rephan**,
the **idols** you **made** to **worship**.
Therefore I will **send** you **into exile**' **beyond Babylon**.

44 "Our ancestors had the tabernacle of the covenant law
with them in the wilderness.
It had been made as God directed Moses,
according to the pattern he had seen.
45 After receiving the tabernacle,
our ancestors under Joshua brought it with them
when they took the land from the nations
God drove out before them.
It remained in the land until the time of David,
46 who enjoyed God's favor
and asked that he might provide a dwelling place
for the God of Jacob.
47 But it was Solomon who built a house for him.
48 "However,
the Most High does not live in houses made by human hands.
As the prophet says:
49 "'Heaven is my throne,
and the earth is my footstool.
What kind of house will you build for me? says the Lord.
Or where will my resting place be?
50 Has not my hand made all these things?'
51 "You stiff-necked people!
Your hearts and ears are still uncircumcised.

You are **just** like your **ancestors**:

You **always resist** the **Holy Spirit**!

52 Was there **ever** a **prophet** your **ancestors** did **not persecute**?

They **even killed those**

who **predicted** the **coming** of the **Righteous One**.

And **now** you have **betrayed** and **murdered** him —

53 you who have **received** the **law**

that was **given through angels**

but have **not obeyed** it."

MEMO

17

The Stoning of Stephen

119 Acts 7:54-56

[개역개정] 사도행전 7:54-56

그들이 이 말을 듣고 마음에 찔려 그를 향하여 이를 갈거늘 스데반이 성령 충만하여 하늘을 우러러 주목하여 하나님의 영광과 및 예수께서 하나님 우편에 서신 것을 보고 말하되 보라 하늘이 열리고 인자가 하나님 우편에 서신 것을 보노라 한 대

Chunk by chunk! 궁금한 순서로 이해해 보세요.

The Stoning of Stephen

(스데반의 돌팔매질)

산헤드린의 회원들은 이 말을 듣고 /

When the **members** of the **Sanhedrin heard this**, /

그들은 격분해 /

they were **furious** /

그들의 이를 갈았습니다 그에게

and **gnashed** their **teeth** at him.

그러나 스데반은 / 성령으로 충만해서 /

But **Stephen**, / **full** of the **Holy Spirit**, /

하늘을 쳐다 보았고 /

looked up to **heaven** /

하나님의 영광을 보았습니다 /

and **saw** the **glory** of **God**, /

그리고 예수님께서 / 서 계시는 것을 하나님의 오른 편에

and **Jesus** / **standing** at the **right hand** of **God**.

보십시오 / 그는 말했습니다 /
"**Look**," / he **said**, /

나는 보입니다 하늘이 열리는 것이 /
"I **see heaven open** /

그리고 인자가 / 서 계시는 것이 하나님의 오른 편에
and the **Son** of **Man** / **standing** at the **right hand** of **God**."

Read aloud and memorize!

궁금한 순서를 느끼면서, 박자에 맞춰 큰 소리로 읽고 암송해보세요. (붉은색으로 칠해진 단어는 강하고 길게 발음합니다.)

Words note! 확신이 없는 단어를 체크한 후 쓰면서 익히세요.

☐ **stone** [stoun] ~에 돌을 던지다, 돌로 치다

☐ **furious** [fjúəriəs] 몹시 화를 낸, 격노한

☐ **gnash one's teeth at …** ~에게 (~의) 이를 갈다

☐ **stand** [stænd] 서다, 서 있다

☐ **open** [óupən] ~이 열리다

Trace and write, chunk by chunk.

스데반의 돌팔매질

The Stoning of Stephen

산헤드린의 회원들은 이 말을 듣고 /

When the members of the Sanhedrin heard this, /

그들은 격분해 /

they were furious /

그들의 이를 갈았습니다 그에게

and gnashed their teeth at him.

그러나 스데반은 / 성령으로 충만해서 /

But Stephen, / full of the Holy Spirit, /

하늘을 쳐다 보았고 /

looked up to heaven /

하나님의 영광을 보았습니다 /

and saw the glory of God, /

그리고 예수님께서 / 서 계시는 것을 하나님의 오른 편에

and Jesus / standing at the right hand of God.

보십시오 / 그는 말했습니다 /

"Look," / he said, /

나는 보입니다 하늘이 열리는 것이 /

"I see heaven open /

그리고 인자가 / 서 계시는 것이 하나님의 오른 편에

and the Son of Man / standing at the right hand of God."

Remember and write.

스데반의 돌팔매질

산헤드린의 회원들은 이 말을 듣고 /

그들은 격분해 /

그들의 이를 갈았습니다 그에게

그러나 스데반은 / 성령으로 충만해서 /

하늘을 쳐다 보았고 /

하나님의 영광을 보았습니다 /

그리고 예수님께서 / 서 계시는 것을 하나님의 오른 편에

보십시오 / 그는 말했습니다 /

나는 보입니다 하늘이 열리는 것이 /

그리고 인자가 / 서 계시는 것이 하나님의 오른 편에

Remember and write.

Verse Work

Answer.

1. How did the Sanhedrin react?

___

___

2. Who is the Son of Man?

___

Answer Key: 1. They were furious and gnashed their teeth at Stephen.
2. It's Jesus.

120 Acts 7:57-58

[개역개정] 사도행전 7:57-58

그들이 큰 소리를 지르며 귀를 막고 일제히 그에게 달려들어 성 밖으로 내치고 돌로 칠새 증인들이 옷을 벗어 사울이라 하는 청년의 발 앞에 두니라

Chunk by chunk! 궁금한 순서로 이해해 보세요.

이에 / 그들은 그들의 귀를 막았습니다 /

At **this** / they **covered** their **ears** /

그리고 고함치면서 그들의 목소리를 최대한 높여 /

and, **yelling** at the **top** of their **voices**, /

그들 모두 그에게 돌진해서 /

they **all rushed** at him, /

그를 끌어내고 도시 밖으로 /

dragged him **out** of the **city** /

시작했습니다 그에게 돌로 치기

and **began** to **stone** him.

한편 / 증인들은 그들의 겉옷들을 놓았습니다 /

Meanwhile, / the **witnesses laid** their **coats** /

발 아래에 사울이라는 이름을 가진 젊은이의

at the **feet** of a **young man named Saul**.

Read aloud and memorize!

궁금한 순서를 느끼면서, 박자에 맞춰 큰 소리로 읽고 암송해보세요. (붉은색으로 칠해진 단어는 강하고 길게 발음합니다.)

Words note! 확신이 없는 단어를 체크한 후 쓰면서 익히세요.

- ☐ **cover** [kʌvər] ~을 덮다, 가리다
- ☐ **yell** [jel] 고함치다, 소리지르다
- ☐ **at the top of one's voice** (~의) 목소리를 최대한 높여, 목청껏 소리를 질러
- ☐ **rush at …** ~에게 돌진하다
- ☐ **drag … out of …** ~을 밖으로 끌다, 끌어내다
- ☐ **stone** [stoun] ~에 돌을 던지다, 돌로 치다
- ☐ **witness** [wítnis] 목격자, 증인
- ☐ **lay** [lei] ~을 놓다
- ☐ **at the feet of …** ~의 발 아래

Trace and write, chunk by chunk.

이에 / 그들은 그들의 귀를 막았습니다 /

At this / they covered their ears /

그리고 고함치면서 그들의 목소리를 최대한 높여 /

and, yelling at the top of their voices, /

그들 모두 그에게 돌진해서 /

they all rushed at him, /

그를 끌어내고 도시 밖으로 /

dragged him out of the city /

시작했습니다 그에게 돌로 치기

and began to stone him.

한편 / 증인들은 그들의 겉옷들을 놓았습니다 /

Meanwhile, / the witnesses laid their coats /

발 아래에 사울이라는 이름을 가진 젊은이의

at the feet of a young man named Saul.

Remember and write.

이에 / 그들은 그들의 귀를 막았습니다 /

그리고 고함치면서 그들의 목소리를 최대한 높여 /

그들 모두 그에게 돌진해서 /

그를 끌어내고 도시 밖으로 /

시작했습니다 그에게 돌로 치기

한편 / 증인들은 그들의 겉옷들을 놓았습니다 /

발 아래에 사울이라는 이름을 가진 젊은이의

Remember and write.

121 Acts 7:59-8:1A

[개역개정] 사도행전 7:59-8:1A

그들이 돌로 스데반을 치니 스데반이 부르짖어 이르되 주 예수여 내 영혼을 받으시옵소서 하고 무릎을 꿇고 크게 불러 이르되 주여 이 죄를 그들에게 돌리지 마옵소서 이 말을 하고 자니라 사울은 그가 죽임 당함을 마땅히 여기더라

Chunk by chunk! 궁금한 순서로 이해해 보세요.

그들이 그에게 돌로 치고 있을 때에 /

While they were **stoning** him, /

스데반이 기도했습니다 /

Stephen prayed, /

주 예수님 / 내 영을 받아 주십시오

"**Lord Jesus**, / **receive** my **spirit**."

그러고 나서 그는 그의 무릎을 꿇고 / 외쳤습니다 /

Then he **fell** on his **knees** / and **cried out**, /

주님 / 이 죄를 돌리지 마십시오 그들에게

"**Lord**, / do **not hold this sin against** them."

그는 이 말을 하고 /

When he had **said this**, /

그는 죽어 잠들었습니다

he **fell asleep**.

그리고 사울은 승인했습니다 그들이 그를 죽인 것을

And **Saul approved** of their **killing** him.

Read aloud and memorize!

궁금한 순서를 느끼면서, 박자에 맞춰 큰 소리로 읽고 암송해보세요. (붉은색으로 칠해진 단어는 강하고 길게 발음합니다.)

Words note! 확신이 없는 단어를 체크한 후 쓰면서 익히세요.

- ☐ **stone** [stoun] ~에 돌을 던지다, 돌로 치다
- ☐ **receive** [risí:v] ~을 받다
- ☐ **spirit** [spírit] 영, 영혼
- ☐ **fall on one's knees** (~의) 무릎을 꿇다
- ☐ **cry out** 외치다, 소리치다
- ☐ **hold … against …** ~를 ~에게 돌리다, 책임을 전가하다
- ☐ **fall asleep** 잠들다; 죽어 잠들다
- ☐ **approve of …** ~을 좋다고 인정하다, 승인하다
- ☐ **kill** [kil] ~을 죽이다, 살해하다

Trace and write, chunk by chunk.

그들이 그에게 돌로 치고 있을 때에 /

While they were stoning him. /

스데반이 기도했습니다 /

Stephen prayed. /

주 예수님 / 내 영을 받아 주십시오

"Lord Jesus, / receive my spirit."

그러고 나서 그는 그의 무릎을 꿇고 / 외쳤습니다 /

Then he fell on his knees / and cried out. /

주님 / 이 죄를 돌리지 마십시오 그들에게

"Lord, / do not hold this sin against them."

그는 이 말을 하고 /

When he had said this, /

그는 죽어 잠들었습니다

he fell asleep.

그리고 사울은 승인했습니다 그들이 그를 죽인 것을

And Saul approved of their killing him.

Remember and write.

그들이 그에게 돌로 치고 있을 때에 /

스데반이 기도했습니다 /

주 예수님 / 내 영을 받아 주십시오

그러고 나서 그는 그의 무릎을 꿇고 / 외쳤습니다 /

주님 / 이 죄를 돌리지 마십시오 그들에게

그는 이 말을 하고 /

그는 죽어 잠들었습니다

그리고 사울은 승인했습니다 그들이 그를 죽인 것을

Remember and write.

이어서
말해보기
17

Acts 7:54-8:1A

Let's read with stress and rhythm!

궁금한 순서에 따라, 강세와 박자에 맞춰, 큰 소리로 읽어 보세요. (그러면 영어가 뚫립니다.)
붉은색으로 칠해진 단어는 강하고 길게 발음합니다.

The Stoning of Stephen

54 When the **members** of the **Sanhedrin heard this**,
they were **furious**
and **gnashed** their **teeth** at him.
55 But **Stephen**, **full** of the **Holy Spirit**,
looked up to **heaven**
and **saw** the **glory** of **God**,
and **Jesus standing** at the **right hand** of **God**.
56 "**Look**," he **said**,
"I **see heaven open**
and the **Son** of **Man standing** at the **right hand** of **God**."
57 At **this** they **covered** their **ears**
and, **yelling** at the **top** of their **voices**,

they **all rushed** at him,

58 **dragged** him **out** of the **city**

and **began** to **stone** him.

Meanwhile, the **witnesses laid** their **coats**

at the **feet** of a **young man named Saul**.

59 While they were **stoning** him,

Stephen prayed, "**Lord Jesus**, **receive** my **spirit**."

60 **Then** he **fell** on his **knees** and **cried out**,

"**Lord**, do **not hold this sin against** them."

When he had **said this**,

he **fell asleep**.

8-1A And **Saul approved** of their **killing** him.

Appendix

[The Lord's Prayer]

[The Apostles' Creed]

[The Ten Commandments]

The Lord's Prayer

Our Father in heaven,

hallowed be Your name,

Your kingdom come.

Your will be done on earth,

as it is in heaven.

Give us today our daily bread.

Forgive us our debts,

as we also have forgiven our debtors.

And lead us not into temptation,

but deliver us from the evil one.

For Yours is the kingdom, and the power,

and the glory, forever. Amen.

주기도문

하늘에 계신 우리 아버지,

아버지의 이름을 거룩하게 하시며

아버지의 나라가 오게 하시며,

아버지의 뜻이 하늘에서와 같이

땅에서도 이루어지게 하소서.

오늘 우리에게 일용할 양식을 주시고,

우리가 우리에게 잘못한 사람을 용서하여 준 것 같이

우리 죄를 용서하여 주시고,

우리를 시험에 빠지지 않게 하시고,

악에서 구하소서.

나라와 권능과 영광이 영원히 아버지의 것입니다. 아멘.

The Apostles' Creed

I believe in God, the Father Almighty, maker of heaven and earth,

and in Jesus Christ, His only Son, our Lord,

who was conceived by the Holy Spirit, born of the Virgin Mary,

suffered under Pontius Pilate, was crucified, dead, and buried;

He descended into hell; the third day he rose again from the dead;

He ascended into heaven, and is seated at the right hand of God, the Father Almighty;

from thence He shall come to judge the quick and the dead.

I believe in the Holy Spirit, the holy universal church, the communion of saints, the forgiveness of sins, the resurrection of the body, and the life everlasting.

Amen.

사도신경

나는 전능하신 아버지 하나님, 천지의 창조주를 믿습니다.

나는 그의 유일하신 아들, 우리 주 예수 그리스도를 믿습니다.

그는 성령으로 잉태되어 동정녀 마리아에게서 나시고,

본디오 빌라도에게 고난을 받아 십자가에 못 박혀 죽으시고,

장사된 지 사흘 만에 죽은 자 가운데서 살아나셨으며,

하늘에 오르시어 전능하신 아버지 하나님 우편에 앉아 계시다가,

거기로부터 살아있는 자와 죽은 자를 심판하러 오십니다.

나는 성령을 믿으며, 거룩한 공교회와 성도의 교제와

죄를 용서받는 것과 몸의 부활과 영생을 믿습니다.

아멘.

The Ten Commandments

1. You shall have no other gods before me.
2. You shall not make for yourself an idol in the form of anything, and you shall not bow down to them or worship them.
3. You shall not misuse the name of the Lord your God.
4. Remember the Sabbath day by keeping it holy.
5. Honor your father and your mother.
6. You shall not murder.
7. You shall not commit adultery.
8. You shall not steal.
9. You shall not give false testimony against your neighbor.
10. You shall not covet your neighbor's belongings.

십계명

1. 너희는 내 앞에서 다른 신들을 섬기지 못한다.
2. 너희는 어떤 것이든지 그 모양을 본떠서 우상을 만들지 못한다.
   너희는 그것들에게 절하거나, 그것들을 섬기지 못한다.
3. 너희는 주 너희 하나님의 이름을 함부로 부르지 못한다.
4. 안식일을 기억하여 그 날을 거룩하게 지켜라.
5. 너희 부모를 공경하여라.
6. 살인하지 못한다.
7. 간음하지 못한다.
8. 도둑질하지 못한다.
9. 너희 이웃에게 불리한 거짓 증언을 하지 못한다.
10. 너희 이웃의 소유물들을 탐내지 못한다.

MEMO

MEMO

젭스의 영어성경 암송 시리즈
[@젭스 유튜브 채널의 정철선생 특강 교재]

성경말씀 영어로 암송하기
유명한 성경 구절별 암송 교재

YouTube 정철 직강

요한복음 영어로 암송하기
총 21장으로 구성된 요한복음 전체를
영어로 암송할 수 있도록 해주는 교재

YouTube 정철 직강

요한일서 영어로 암송하기
총 5장으로 구성된 요한일서 전체를
영어로 암송할 수 있도록 해주는 교재

YouTube 정철 직강

야고보서 영어로 암송하기
총 5장으로 구성된 야고보서 전체를
영어로 암송할 수 있도록 해주는 교재

YouTube 정철 직강

요나서 영어로 암송하기
총 4장으로 구성된 요나서 전체를
영어로 암송할 수 있도록 해주는 교재

YouTube 정철 직강

산상수훈 영어로 암송하기
총 2장으로 구성된 산상수훈 전체를
영어로 암송할 수 있도록 해주는 교재

YouTube 정철 직강

요셉이야기 영어로 암송하기
총 22장으로 구성된 요셉이야기 전체를
영어로 암송할 수 있도록 해주는 교재

YouTube 정철 직강